評言社MIL新書

医薬品登録販売者、結集せよ

— ウェルビーイングカタリストを目指して

日本医薬品登録販売者協会

014

評言社

はじめに

本書は、登録販売者制度に大きな影響を与える厚生労働省の医薬品販売に関する検討会が始まっているなかで、「今、登録販売者が国民に貢献し、生き残るために何が必要か――」を中心に、極めて影響力のある9名の方々にインタビューしたものをまとめたものである。すべての登録販売者およびドラッグストアなど、OTC薬販売に関わる関係者にお読みいただきたい内容である。

インタビューに登場していただいた方は、初めに登録販売者制度の法改正に直接関わられた元厚生労働副大臣の木村義雄氏、登録販売者制度に深く関わる団体から山本信夫氏（日本薬剤師会会長）、池野隆光氏（日本チェーンドラッグストア協会会長）、樋口俊一氏（日本医薬品登録販売者協会会長）、医師の立場から登録販売者の受診勧奨に期待することを岸田直樹氏（北海道科学大学薬学部・東京薬科大学客員教授）、フレイル予防に期待することを徳原善雄氏（大阪・整形外科とくはらクリニック院長）、そして行政の立場から「セルフケア・セルフメディケーション推進策の制度設計の中に登録販売者をいかに組み込んでもらえるか」について、安藤公一氏（厚生労働省医政局医薬産業振興・医療情報企画課長兼セルフケア・セルフメディケーション推進室長）、同じく行政の立場から「登録販売者不要論を突破するために何が必要か」について、太田美紀氏（厚生労働省医薬・生活衛生局総務課薬事企画官）に、そして自ら登録販売者の資格を持ち、登録販売者に対し漢方に基づく健康相談を強く訴え続け、かつ漢方教育にも注力する大城日出男氏（上海中医薬大学附属日本校理事長・教授）の9名である。

本論は9章から成っている。その前に現在の登録販売者を取り巻く状況を序章として若干の解説を掲載した。本論の第1章～第9章までのポイントは次の通りである。

第1章の木村氏には、登録販売者制度がなぜ制定できたのか、薬局や当時の一般販売業と、厳密にいえば江戸時代からの販売形態の一部が残っていた薬種商販売業や配置販売業、さらに特例販売業と、古くからある通信販売を中心とする伝統薬販売、新参のネット販売業界など、当時の医薬品販売制度は極めて複雑多岐にわたり、それぞれが独自の販売ルールをもって運用されていた。それらのルールをいったん、すべて白紙に戻し、かつ共通のルールを再構築するという難題を解決した原動力は何だったのかについてお聞きした。

なかでも共通の一般用医薬品分類と販売の専門家（登録販売者）制度創設の理念とは、そして今、登録販売者はどういう位置付けにあり、今後、どういう方向を目指さなければならないか等々を、政界の局面から逸話を交えて、今だから語れる範囲で語ってもらった。

第2章は日本薬剤師会の山本会長である。

山本会長には「薬局・薬剤師はなぜOTC薬を手放したのか」「薬剤師と登録販売者は共存、連携可能か」「今後、薬剤師と登録販売者はどのように関わっていくべきか」

などについて、登録販売者に対する期待も込めて語ってもらった。厳しい意見もそのまま掲載した。今後の登録販売者のあるべき制度設計を打ち立てるうえで、そういう意見を踏まえた論議が不可欠だと思ったからである。

第3章は日本チェーンドラッグストア協会の池野会長である。

池野会長はデジタル化が進むなかで、「医薬品登録販売者が医薬品の効能・効果、副作用等の情報を単に提供しているだけなら存在意義が失われる。医薬品登録販売者は薬剤師のミニチュアではない。教育も研修も〝健康生活をサポートする専門家〟という視点が必要である」と医薬品登録販売者の人材育成について強く訴えられ、まさにドラッグストアが地域の健康生活ストアであるコンセプトを実現させるために、医薬品登録販売者に対して熱いエールを贈っていただいた。日本医薬品登録販売者協会が今後、目指すべき方向を示唆している。一読の価値がある。

第4章は日本医薬品登録販売者協会の樋口会長である。

樋口会長にはストレートに、デジタル臨調によるアナログ規制一掃法案に対する同会の方針は何かについて語っていただいた。

樋口会長は「絶対反対が大前提」としながら、「100％デジタル化を否定すると、かえって医薬品登録販売者がデジタル化の波に取り残される可能性がある。そうやって消えていく職能、職域も少なくないように思われる。逆に医薬品登録販売者がデジタル化をどう活用するか、そして、それをお客さんへのサービス向上にどう反映させるかを真剣に考えなくてはならない」と示唆していただいた。

そのうえで、「仮に医薬品登録販売者不在時、医薬品販売が可能になったら、偽造薬の問題、期限切れ薬の国内外への横流し問題、売り場の衛生管理問題、薬物の乱用問題、さらにヘルスケアを担う将来、深刻な人材不足の問題等々を誰が責任をとるかである。規制改革推進派はとらない。すべての責任は、それを認めた我々業界になる。そのために生活者視点で、かつ生活者を守る視点で真剣に考えなければならない」とし、今後の方針について語っていただいた。

第5章は総合診療医でもある岸田氏である。

岸田氏は日本チェーンドラッグストア協会の「受診勧奨ガイドライン」の監修者でもある。登録販売者の受診勧奨に深い理解を示されるだけでなく、その推進者でもある。岸田氏は、登録販売者に対し「臨床推論を通して医師だけではなく患者とコミュニケーションをとっていくこと」に大きな期待を寄せる。「デジタル化が進めば進むほど、逆に人とのぬくもりも求められてくる。ただし、今までのように〝経験による勘〟だけに頼ってはいけない。科学的なエビデンスに基づくアプローチと臨床での考え方が必要である。そういうアプローチがなければ地域で医療従事者と連携できないし、真に信頼される医療者にはなりえない」と明快に語っていただいた。

第6章は整形外科医でフレイルの専門医でもある徳原氏である。

徳原氏は「フレイル対策は健康なうちに行うことが重要」と訴える。それだけにドラッグストアに勤務する登録販売者に大きな期待を寄せている。

「ドラッグストアがいいのは食品、マスクなどの衛生雑貨などを購入するために、元気な高齢者が普通に来店されていること。そういうなかで、例えば〝ちょっと歩き方がいつもと違う〟ときに素早く気づけるか、そして適切に「どうされました?」と声をかけることができるかです。専門的な知識は二の次だ」と明確に語る。「登録販売者がお客さんをよく観察して、必要な場合にはフレイルの専門医を紹介いただければ、ほとんどの方は回復する」とする。受診勧奨の際には「登録販売者が医療機関と連携することが大事」として、医師との連携のコツをわかりやすく語ってもらった。

第7章は厚生労働省のセルフケア・セルフメディケーション推進室長の安藤氏である。安藤氏は国や厚生労働省内の各局で進めるセルフケア・セルフメディケーション推進の司令塔である。

安藤氏は、今なぜセルフケア・セルフメディケーションが必要かを、人口動態の将来予測をもとに理路整然と説明した。「現状のままでいけば、2040年には生産年齢人口の5人に1人が医療・福祉分野に従事しなければならなくなる。そういう時代にしないためにセルフケア・セルフメディケーションの推進が必要だ」とする。

本書ではセルフケア・セルフメディケーションの制度設計にあたって、登録販売者の役割を明確に位置付け、そのために何が必要かを具体的に提言していただいている。ぜひご一読いただきたい。


第8章は同じく厚生労働省の薬事企画官である太田氏である。

太田氏は、薬剤師や登録販売者不在時のデジタルを活用したOTC薬販売について検討している「医薬品の販売制度に関する検討会」を仕切っている渦中の人である。検討会の真っ最中に可能な範囲で語っていただいた。本書が発行されて間もなく検討会の方向性はまとまると思われるが、現在、登録販売者がおかれている厳しい状況については本書でほぼ語っていただいたと思っている。

太田氏は登録販売者について開口一番、「登録販売者は〝受け身〟である。第2類、第3類の情報提供は確かに努力義務である。だからといって、購入者から何の相談もなければ、そのまま素通りでレジ精算というわけではない」と語る。それでは規制改革推進会議メンバーからの「登録販売者って何しているの？ いてもいなくても同じなら、いなくてもいいじゃないの」という指摘につながっていると強調する。

太田氏は、いやしくも医薬品販売の専門家として、質問がなくても必要に応じて「どうされましたか？」とお客さんに声をかけるのは当たり前、そういう声かけを通して、「あの登録販売者は信用できる」と思わせるだけの力量が必要だと訴える。本書ではそのための具体的な方策について語っていただいた。


第9章は自らが登録販売者でもある大城氏である。

大城氏は変わった経歴をお持ちの方である。工学部から上海中医薬大学で中医学を学んだ漢方専門家で、上海中医薬大学附属日本校の理事長、教授でもある。

大城氏は、「お客さんと一緒に悩み、解決に向けて親身に取り組み、その結果、お客さんから心底感謝される。これほど素晴らしい仕事はない」と、漢方薬を通したリアル対面での醍醐味を語る。

「西洋薬の場合、効能効果、副作用等は誰でも一定の普遍性があり、その情報はすべて公開されている。そのためにネットを使える人にとっては、ネット情報のほうが便利で正確かと思う。ただ漢方薬の場合はそうはいかない。お客様の体質は熱証か寒証か、その原因は気・血・津液（水）のどこか、さらにどの臓器か等々いろいろあり、どうしてもコミュニケーション力が必要になる。それがヘルスケアの健康相談にもつながる。受診勧奨も自信をもってできるようになる」と訴え、医薬品販売業として独立・開業もできる登録販売者への大きな期待と可能性を具体的に語っていただいた。

現在、超高齢社会を迎えて公的医療・介護保険制度の大きな転換期を迎えている。まさに国民皆保険制度が始まって以来の大改革ともいわれている。その大改革の大きな方向の一つは、本書でも厚生労働省の担当者が語っておられる通り、現状の公的医療・介護保険制度を安定的に持続させるために、医療機関や介護施設と連携し、いかにヘルスケア分野を充実させ、セルフケア・セルフメディケーション分野を拡大させるかである。

今回、斯界の9名にインタビューを終えて痛感したことは、現在、医療従事者の働き方改革が2024年を目途に進められているが、一様に医療従事者は多忙であること、かつ人手不足であること、それを解決するためには医療・介護関係者と連携しながらヘルスケア分野の充実を図っていかなければならないこと、そして、そのために現在、25万人を超える登録販売者が大きな戦力になる可能性を多分に秘めているということである。

それを現実のものにするかどうかは登録販売者自身にかかっていることは言うまでもないが、登録販売者を雇用する企業、さらに医療に関わる関係者、登録販売者の育成、研修等に関わるすべての関係者、さらに行政等の理解と協力が不可欠だということである。持続可能な社会保障制度を実現させるためには、多様な人材の参入促進が極めて重要だといえる。

本書のインタビュー内容にはそのための参考になるところが数多く盛り込まれている。登録販売者だけでなく登録販売者を多く抱えるドラッグストア関係者、行政、並びに登録販売者を育成している学校関係者も含め、多くの方々にご一読いただければ幸いである。

目次

※本文中、医薬品登録販売者と登録販売者の表記があるが、両者は同義である。

序章

登録販売者の大きな転換期を迎えて

1. 登録販売者を取り巻く状況とその課題

「登録販売者って何をやっている人?」「登録販売者のイメージがわかない」などという話をよく耳にする。

登録販売者は、医薬品をリスク別に第1類、第2類、第3類と3つに区分されている一般用医薬品のうち、第2類・第3類医薬品の販売を担うことができる、薬剤師とは別の資格者である。制度がスタートしたのは2009(平成21)年6月である。登録販売者は自ら管理者として店舗販売業を営むこともできるが、多くは薬局、店舗販売業、配置販売業で勤務している。現在、登録販売者の半数強はドラッグストアといわれる業態に勤務しているため、ここではドラッグストア業態について初めに簡単に触れておく。

ドラッグストアは、スーパーマーケット、コンビニエンスストアなどと同じく業態店といわれる。小売業でいう「業種店」と「業態店」との違いは大きい。前者は八百屋、電気屋、薬局・薬店など、主に特定の「生産や商品」を主語にした品揃えの店舗であり、後者は「食生活」、「便利な買物生活」、「健康と美容生活」（H&BC）など、一定のコンセプトに基づいた「生活」を主語に品揃えをした店舗をいう。もちろん、ドラッグストアは「健康と美容生活」がコンセプトであり、スーパーマーケットは「食生活」、コンビニエンスストアは「便利な買物生活」をそれぞれコンセプトとしている。

また業種店を「生産体系別小売業」、業態店を「生活体系別小売業」ともいう。業態店の歴史は米国で概ね100年、日本では50年ほどであるが、日本がアメリカから業態店を学んだのは言うまでもない。いずれの国においても業種店から業態店に移行しているが、大きな違いは業種店中心の時代は生産者、メーカー、業界の力が強く、逆に業態店が強くなると、より生活者指向が強くなるために、企業間競争が激化し、業界は寡占化する傾向にある。ドラッグストア業界もすでに寡占化し、上位売上企業10社でドラッグストア業界全体の8割強を占めるに至っている。

ここでは業態店の売り方について一つの大きな特徴を紹介する。

業態店の初期は、一言で言えば売れ筋商品の単品大量販売である。それを仮にゼネラルＭＤとする。ゼネラルＭＤは売れ筋中心で一時は高い効率を上げるが、どこでも取り扱っている商品のために、店舗の拡大とともに顧客の目的来店性はすぐに失われてくる。そのためにゼネラルＭＤから、需要と供給に基づき、自店の業態や目的来店性を明確にするスペシャリティニーズに対応したスペシャリティＭＤが必要になる。この繰り返しでドラッグストア業態は成長してきたといっても過言ではない。

ドラッグストア業態のスペシャリティＭＤは時代や立地によって形が変わってくるのはいうまでもない。しかし超高齢少子化時代に公的医療・介護保険制度を安定的に持続させるために、まさに国家的課題として取り上げられている健康寿命延伸に向けた、ヘルスケアのスペシャリティＭＤがすでに始まっている。この流れは今後、避けられない方向だといえる。これはＨ＆ＢＣ関連商品から、Ｈ＆ＢＣに関わるすべての相談に対応できるところまで含まれる。その人材として薬剤師はもちろん、登録販売者はなくてならない存在だといえる。

例えば「検査薬についてドラッグストアですべて相談対応ができる」というスペシャリティＭＤが可能になる。それを自店の来店目的の一つにあげるという店舗もすでに出始めている。ただヘルスケア分野は関連法との関係が極めて強いために、相当範囲で制度改正と合わせて取り組まなければならない領域が多い。

ただ登録販売者の登場により、ヘルスケアの受け皿となる人材が誕生し、今後、第2類、第3類医薬品の販売だけでなく、登録販売者が健康の維持・増進に関わる生活上の相談役として機能してくると確信している。

一般用医薬品のリスク区分別売上構成をみると、第2類、第3類医薬品で95%を占めている（「富士経済」2021年調べ）。つまりOTC薬販売の殆どに登録販売者が関わっていることになる。登録販売者がヘルスケアの受け皿として本格的に活躍できる土壌は十分に整備されてきているといえる。

前ふりが随分長くなってしまったが、登録販売者業務のさらなる向上を図るための課題も、まさにここにある。

つまり、OTC薬の約9割を登録販売者が販売しているにも関わらず、国のセルフケア・セルフメディケーション推進策、健康サポート事業には、「薬局・薬剤師」という文言はでてくるが、登録販売者という文言はほとんどでてこない。

今後も引き続き、医療保険、介護保険に関わる医師や薬剤師、看護師などとの連携は極めて重要であるが、生活習慣病予防やフレイル予防は、健康な人を対象にOTC薬等を販売している登録販売者の参画がとても重要だと思われる。

登録販売者数は2021（令和3）年に25万人を超え、2025年には30万人を超える勢いで増加している。

国は、2040年には生産年齢人口（15〜64歳）が激減するなかで、医療・福祉分野の必要従事者数は急増し、介護ロボットの普及などの様々な対策を打っても、約100万人が不足すると予測している。

これを解決するために国は働く意欲のある高齢者の就業環境を整備すること、そして健康寿命を延伸させることを大きな課題としてあげている。異次元の少子化対策もその一環であるが、社会保障制度の将来ビジョンが未だに見えないなかで、出生率を上げるのは極めて難しいと思われる。

そういうなかで、約30万人を超える登録販売者を国民のセルフケア・セルフメディケーションの支援者として位置づけることができれば、健康寿命の延伸に大きく寄与することができる。

そのためには地方自治体や保険者が主体となる健康増進事業などに積極的に登録販売者を活用してもらいたい。また、フレイル予防、糖尿病予防、高血圧予防活動などに、他の医療従事者と連携して登録販売者が継続的に従事できるよう、制度の見直しも検討していただきたい。

２０４０年を見据えた日本社会を考えた場合、医療従事者だけでなく、健康づくりのための新しい担い手と、仕組みについて真剣に考えなければならない時代に突入している。そのキーワードをウェルビーイングとして、その推進者をウェルビーイングカタリストとした。そして登録販売者がいち早く、ウェルビーイングカタリストとしての役割を担い、ＯＴＣ薬の普及はもちろん、セルフケア・セルフメディケーションを健全に推進していくべきである。

2．登録販売者が地域住民の方々に貢献している具体的事例（お客様から寄せられた「感謝の声」から）

登録販売者の業務を理解していただくために、お客様から寄せられた「登録販売者への感謝の声」をもとに、「登録販売者はこういう形で社会に貢献しています」という具体例を紹介したい。

協力いただいた会員企業は、株式会社コスモス薬品、株式会社スギ薬局である。登録販売者の実際の姿を具体的にイメージしていただければ幸いである。

株式会社　コスモス薬品

事例1　登録販売者に病院の受診を勧められ軽度の脳梗塞を発見

70代男性（博多南駅店・福岡県）

ひどい頭痛と寒気のために鎮痛剤を買いに立ち寄った。すると、登録販売者の店長から声をかけていただき、病院での受診を勧められた。手の震えもあり、気になったため、すぐに病院へ行き、受診した。検査の結果、軽度の脳梗塞という診断だった。幸い早期発見だったため、現在は薬を処方されて快方に向かっている。あの時、登録販売者の店長に受診を勧められなかったら、そのまま鎮痛剤を購入していたのは事実。その結果、脳梗塞で倒れて後遺症に苦しんでいたと思うと、今も登録販売者の店長にとても感謝し、命を救われた思いをしている。心より感謝申し上げたい。

事例2　シミで登録販売者に相談、医療機関で早期の皮膚ガンが発見される女性（町田店・佐賀県）

シミが気になるのでコンシーラー（ペンシルタイプ）について登録販売者のAさんに相談した。その時、Aさんから「もしかしたら、それはシミではないかもしれませんよ。すぐに病院で診てもらったほうがいいですよ」といわれ、心配になって受診した。

その結果、悪性の皮膚ガンと診断された。幸いにも早期発見だったため、大事には至らなかった。ただ、あと数か月遅かったら転移していたかもしれないと医師にも言われ、病院に行くよう勧めてくれた登録販売者にとても感謝している。

事例3 登録販売者にセカンドオピニオン勧められ命救われる女性（長洲本通店・兵庫県）

来週、胆石の手術を受ける予定になっていた。ただ医師の対応がはっきりせず、処方箋も出ているが一向に症状が改善しない。このまま手術を受けてもよいか、とても不安な日々を送っていた。

そういうときに、いつも行っているドラッグストアの登録販売者Bさんに相談した。Bさんは「診断や対応に不安があれば〝セカンドオピニオン〟と言って、一度、違う病院で再検査して診断してもらう選択肢もありますよ。そこで同じ診断結果であれば安心できますし、もし違っていたら大変ですもんね」とアドバイスしてくれた。Bさんのアドバイスに従って、違う病院で検査してもらったら、なんと胆石でなく肝硬変だった。

あのまま胆石の手術を行っていれば死んでいたかもしれないと思っている。本当に感謝している。

事例4　登録販売者に「歩き方がちょっと違う」といわれ病院で脳血栓発見される
70代女性（厚南北店・山口県）

厚南北店内で転倒した。転倒の原因は、血液循環の持病のためだとわかっていたため、いつものように起きて帰るつもりだった。ただ登録販売者で副店長のCさんから「ちょっと歩き方がいつもと違う」と言われ、すぐに救急車を呼んでくれた。そして、病院に行き検査をした結果、転倒の原因は持病ではなく脳にできた血栓だとわかった。

それから4か月間入院し、無事に退院できた。あの時、救急車を呼んでくれた登録販売者のCさんのお陰で本当に助かった。いくら感謝しても仕切れない思い。助かりました。

株式会社 スギ薬局

事例1 高齢者の持病を考慮してOTC薬を勧めてくれる登録販売者に感謝
50代女性

母は高齢で持病もあり、服用できる薬も限られているため、男性の登録販売者に薬の相談をしている様子。私は医師だが他府県に暮らしているため、持病のある母が一般の薬を服用していることが心配だった。

先日、久しぶりに実家に帰った時、母が買って来た薬を見ると、症状だけではなく、高齢であること、持病があることなどを考慮して選んでくれているのがわかった。母が言うには、馴染みの登録販売者がお店に行くといつも体調を気にかけてくれ、「この間の薬は効きましたか?」と声をかけてくれるという。また荷物を持ちながら階段を降りている時は荷物を持ってくれたとも言っている。薬の相談ができて、的確な選択をしてくれる登録販売者がいて本当に安心している。何より、気にかけてくださる心遣いに親子共々感謝している。

事例2　妻の薬を買いに行ったとき丁寧に服用後の授乳方法など教わり救われる

20代男性

妻が喉の痛みと頭痛を訴え、代わりに薬を買いに行った。授乳中であるため、どの薬が良いかわからなかったが、レジの方が「薬について質問はございますか？」と聞いてくれたので、同様のことを伺うと登録販売者の方がとても丁寧に説明してくれた。また喉の乾燥を防ぐ方法や、服用後の授乳方法なども教えてくれ、帰り際にも妻の体調を気遣ってもらうなど、とても気持ちの良い買い物ができ、救われた気持ちになった。年末の忙しいなかでの時間を要する親切な対応に本当に感謝している。

事例3　登録販売者から自分にあった胃薬を教わり不快な症状が改善された

30代男性

いつも家族が服用していた胃薬を買いに、お店に伺った。その時、登録販売者の方に声をかけられ、胃薬を探していると伝えた。するといろいろ詳しく尋ねられたので答えていると、どうやら今の胃薬は逆効果かもしれないということで、予定していた薬ではないものを勧められ、その薬で様子をみることにした。すると、不快だった症状が改善された。病院ではなかなか詳しい話をじっくりと先生に相談できずにいて、適当に選んでいた胃薬だったので、話を聞いていただいた登録販売者に本当に感謝している。

事例4　一人暮らしの心細さを登録販売者に救ってもらった
20代男性

ＧＷ中、胃の調子を崩し、病院が休みだったため困ってお店に伺った。私が辛そうにしていたのがわかったのか、白衣の登録販売者が声をかけてくれ、食事や生活習慣のことも色々聞いてくれた。最終的には自分の症状に合わせた胃薬をご紹介してくれた。一人暮らしの食事面で気を付けることや、私生活で心がけたほうがいいことなども色々アドバイスしてくれた。お陰様で体調も良くなった。とにかく親身に話を聞いてもらったことに大変感謝している。

以上はドラッグストアの店頭に設置されているハガキや、電話、直接店頭に寄せられた感謝の声のほんの一例である。お客様から寄せられる感謝の声は日常的にたくさん上がっている。

登録販売者は、こういったお客様からの感謝の声をいただくことが仕事の最大の喜びであり、そのためだけに日ごろの業務を行っていると言っても過言ではない。その一端を感じてもらえれば幸いである。

登録販売者の認知度はまだ十分とは言えないが、多くのＯＴＣ薬を販売している登録販売者に対する地域住民の声は確実に増加している。

次にドラッグストア企業が登録販売者を対象に研修を実施し、受診勧奨の普及に努めている事例を紹介する。

協力いただいた会員企業は、株式会社マツキヨココカラ&カンパニーである。これも一例であることを申し添えておきたい。

株式会社 マツキヨココカラ&カンパニー

事例1　医薬品登録販売者による受診勧奨の現状

日本チェーンドラッグストア協会（JACDS）版「受診勧奨ガイドライン」をベースに、社内教育チームで症状別対応フロー資料を作成し、それを用いて、ドラッグ店舗勤務1年目の登録販売者75名を対象に、風邪（鼻症状メイン型）、急性の下痢のお客様へのアプローチ方法、受診勧奨フローについてケーススタディ形式で研修した。

研修の約2週間後、受講者アンケートを実施した結果、受診勧奨フローが「役に立った」という回答が52名（69％）。また受講者75名中5名（6・7％）は受診勧奨までできており、「下痢の症状で接客した男性のお客様、微熱もあるとのことで受診勧奨を行った」、「鼻炎症状が酷く、OTC医薬品をある程度使用しても症状が変わらないため受診勧奨を行った」、「20代女性、レッドフラッグサインである二峰性（繰り返す）の鼻症状が確認できたため受診勧奨を行った」等の事例が報告された。このように受診勧奨ガイドラインを活用した研修を実施することで、受診勧奨のできる登録販売者の育成に繋がった。

◎受講者アンケートの結果

Q2-2　役に立った方へ
「どのように役立ちましたか」（複数回答）

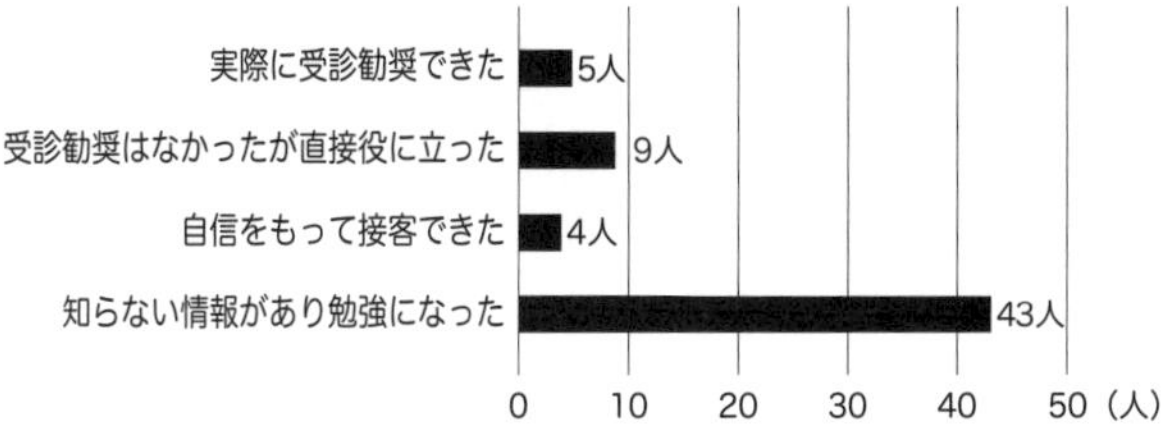

Q2-3　役に立った方へ
「どの症状で役立ちましたか」

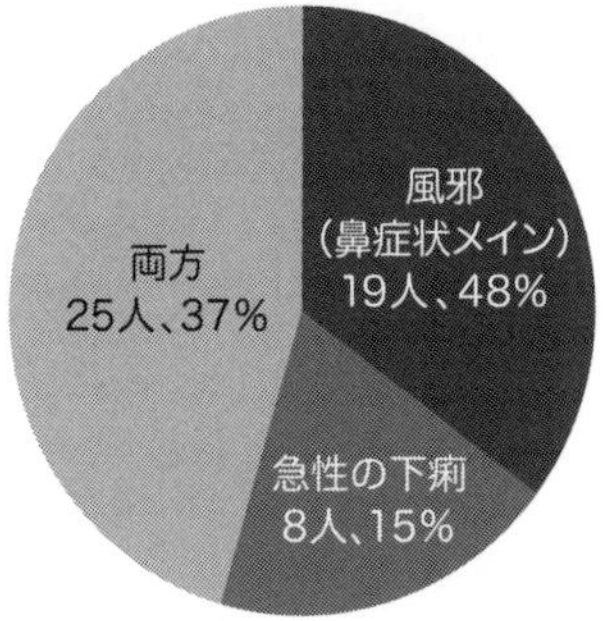

事例2　調剤薬局に勤務する医薬品登録販売者の活躍

調剤薬局で調剤事務として勤務しているAさんは、登録販売者と管理栄養士のダブル資格保持者である。社内で行われている勉強会で、薬剤がわかればどんな疾患かがある程度わかるようになり、栄養相談を必要とする患者様の目星がつくようになった。

一例として、血圧を下げる薬が複数処方されている患者様に減塩の話をしたところ、「食事の工夫はしているが血液検査をしたら腎臓の数値が悪くなってしまった。タンパクやカリウム制限をしたほうが良いか教えてほしい」との話になった。患者様によると、医師からは「様子を見ましょう」としか言われていなかったようなので、まだカリウム制限をしなくて良いこと、意識的にとっていた高タンパクのものを普通のものに変えるなどのアドバイスをした。患者様からは、「気になっていたことが聞けて、気が楽になり安心した」と感謝の声をいただけた。またAさんが勤務している薬局はOTC薬との併設店舗のため、登録販売者の資格も活かし、一般用医薬品でも対処可能な方であれば、ビタミン剤等のご紹介も行い、地域住民の予防医療の観点で様々な健康相談ができる場所にしていきたいと考えている。

事例3　お客様からの感謝の声

ドラッグストアの店頭で登録販売者が、40代前半の女性のお客様から「膀胱炎の薬はありますか？」と声をかけられた。現在の症状や、過去に膀胱炎になったことがあるか等をお伺いし、生薬製剤の第2類医薬品の膀胱炎の薬を紹介した。接客をしている際も非常に痛そうにしているのが見受けられ、辛そうだったため、「近々お医者さんに行けますか？ひどくなる前にお医者さんに診てもらったほうが良いですよ」とお客様にお伝えした。

後日このお客様から、「その日は奨められた薬を飲み痛みは減ったが、翌日時間を作って病院に行ったところ、医師から『腎盂腎炎の手前です。今日来てよかったですね』と言われました。『近々お医者さんに行けますか？』のアドバイスがなかったら、手遅れになっていたかもしれず感謝の気持ちでいっぱいです」という感謝の声が、本社お客様相談室に届けられた。

対応した登録販売者は、使命を果たせた実感が湧き医薬品販売の自信に繋がった。

事例4　災害時における医薬品登録販売者の役割

地震、台風などの自然災害の多い日本。災害発生時においてのインフラ、ライフラインとして営業を続けるドラッグストアの役割は大きい。その際、ドラッグストアは、身の回りの生活必需品の提供に留まらず、負傷した方や体調不良を訴える方に対する手当てを行える場でもある。

登録販売者は災害時においても、「地域住民のＱＯＬを維持するために欠かせない専門家」という自覚を持つ必要があり、企業としてもそのような観点で登録販売者を育成していくべきと考えている。

当社では、２０１１年の東日本大震災、２０１６年の熊本地震の際に、薬剤師と共に被災地支援を行った。事実、災害時における登録販売者の支援を必要としている自治体もあり（富山県）、我々の業界から各自治体に対し、登録販売者が活躍できる場面があることをアピールしていく必要があると考えている。

「災害時における医薬品等の供給マニュアル」

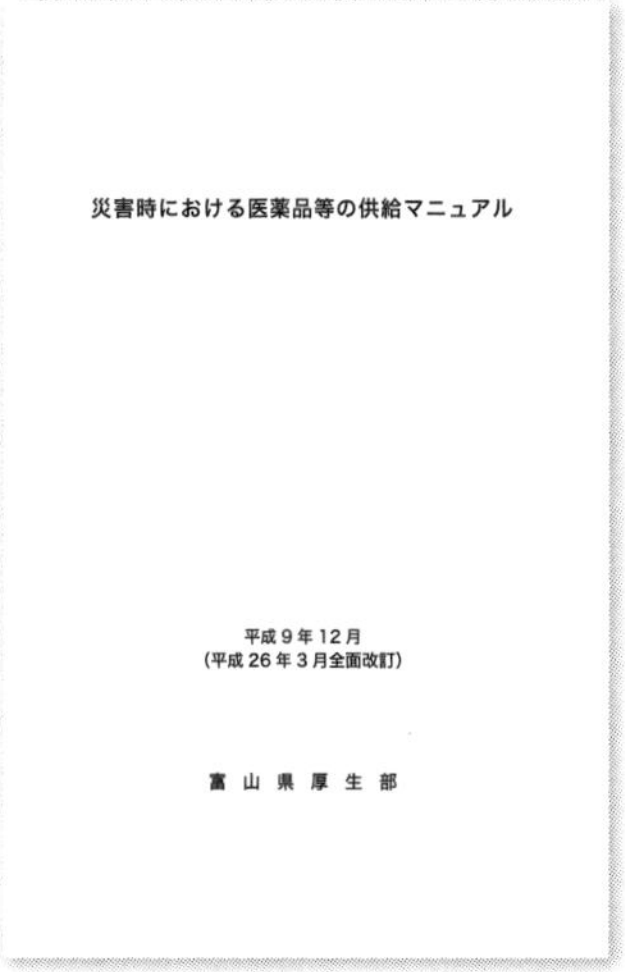
災害時における医薬品等の供給マニュアル

平成９年12月
（平成26年３月全面改訂）

富 山 県 厚 生 部

5　人員（薬剤師、登録販売者等）の派遣について

〈基本的な考え方〉

(1) 各関係機関は、可能な限り独力で医薬品等の供給業務にあたる。ただし、災害に伴う人的被害などにより対応が困難となった場合は、各関係機関において広域的な支援を得るほか、県くすり政策課に人員の派遣について要請を行う。

(2) 県くすり政策課は、人員の派遣に係る要請を受けた場合は、（公社）富山県薬剤師会、（一社）富山県薬業連合会及び（一社）富山県医薬品登録販売者協会に依頼し、人員の確保を図る。

（富山県厚生部作成）

登録販売者の日ごろの業務の一端を感じていただけただろうか。

特に災害時に登録販売者の人員派遣を明文化している富山県の非常時対策は、水害をはじめとして自然災害が頻発しているわが国全体の課題、問題だと思われる。加えて登録販売者にとっても、富山県の例は大きな励みであり、日ごろの業務への誇りにも繋がっている。


現在、医療・介護保険制度を安定的に持続させるためにセルフケア・セルフメディケーションの推進が国家的課題になっている。しかし、その受け皿として「薬局・薬剤師」は明記されているが、登録販売者の名前は存在しない。当協会では、一般用医薬品の多くを販売している「登録販売者」の名称を、国民のセルフケア・セルフメディケーション推進の受け皿、サポーターの一員として、法令をはじめ、様々な政策文書等に明記してもらうよう要望している。

そのような活動は、非常時はもちろんのこと、平時においても医療・福祉に従事する生産年齢人口が激減するなかでとても重要だと思われる。

3．ウェルビーイングカタリストを目指して

「健康とは、身体的、精神的、社会的に良好な状態（ウェルビーイング（Well being））である」というWHO設立時に提唱されていた健康の定義がここにきて世界で再注目されている。

ウェルビーイングとは、身体的、精神的、社会的に良好な状態が持続していることであることから、これまで意味をはき違えていた「健康」とはそもそも違って、医療がメインでないことは明確である。病気を治すということではなく、そもそも病気にならない状態を持続させるには身体的なアプローチだけではウェルビーイングな状態にはほど遠い。その点、ドラッグストアという場は、日常生活や暮らしに寄り添った場所であり、そこに従事する登録販売者は、医療とは切り口の違う職能であり、生活者のウェルビーイングを高めるには、これからキーとなる存在にならなければならない。とはいえ、ウェルビーイングカタリストを名乗ってゆくからには制度改正が求め

られる可能性も少なくない。そのためには政治的な活動も不可欠であり、すべての登録販売者によって社会に新しいうねりを起こし、来るべき２０４０年を見据えた日本ビジョンをみんなでつくっていくことができれば、という願いも込めている。

なお、ウェルビーイングカタリストの「カタリスト」は、人の行動や意識の向上を促進する、また周りの人の良い刺激となるような人材のことをいう。生活者のウェルビーイングを高めるための健康意識の共有や、ウェルビーイングを高めるための行動変容のきっかけづくりを行う人材になってほしいという想いを込めている。今後の一般用医薬品販売は、そのような視点が欠かせないと思う。

以下、斯界の有識者が、セルフケア・セルフメディケーションの受け皿として、登録販売者やドラッグストアに寄せる大きな期待を、登録販売者自身に汲み取っていただきたい。そして、その方向に向けて、制度改正を含めて登録販売者全員が足並みを揃えることを期待するものである。

第1章

登録販売者がセルフケア分野を切り拓くために

元厚生労働副大臣
木村 義雄
きむら よしお　中央大学卒業。1986年衆議院議員初当選（以後当選7回）、厚生労働副大臣、自民党障害者福祉委員長、自民党財務委員長等を歴任、2013年参議院議員初当選、現在自由民主党認定こども園振興議員連盟名誉会長、全国栄養士養成施設協会名誉会長、日本医薬品登録販売者連盟顧問

「薬剤師不在問題はドラッグストア潰しだ」と叫んだ男がいた

――登録販売者制度創設に関わられた経緯についてお聞かせください。

木村　当時の薬事法を改正して登録販売者制度が成立したのは２００６（平成18）年６月です。施行はその３年後の２００９（平成21）年６月ですが、それより10年ほど前の１９９８年に「薬剤師不在問題」が起こりました。

その発端の一つは、その前年（１９９７年）にＨ２ブロッカーが医療用からＯＴＣ薬にスイッチされたことです。

Ｈ２ブロッカーは手術でしか治せないような胃潰瘍が、薬で治せるようになったという画期的な薬です。

それがＯＴＣ薬にスイッチされたため大きな話題になりました。日本医師会や、薬害訴訟の弁護士らで構成されていた薬害オンブズパーソンらが、「薬剤師不在のままでＨ２ブロッカーを売っている。けしからん」「医療用にスイッチバックさせろ」等々の意見が盛んに出てきたわけです。

そういう流れのなかで、当時の厚生省が1998（平成10）年12月、いわゆる薬剤師不在問題につながる局長通知を出したわけです。この通知によって、「薬剤師不在時にはOTC薬を全部、閉鎖しなさい」という指導が徹底されることになります。

これで一番困ったのがドラッグストアです。

当時、ドラッグストアは今ほどの市場規模はありませんでしたが、それでも毎年、すごい勢いで新規出店していました。それが出店できない状況に追い込まれたのです。

そういうなかで、「薬剤師不在問題はドラッグストア潰しだ。法的根拠がない」「行政手続法違反だ」「行政訴訟だ」と、厚生省にうるさいことを言ってきている男がいる、という話を当時の厚生省の関係者から聞きました。

その男というのが、亡くなられた宗像（守）さんでした。それが宗像さんとお会いする一つのきっかけになりましたし、登録販売者制度を創設する始まりです。

――当時、厚生省に医薬品販売制度の矛盾をついた「10の質問状」なる封書を出

しました。結局、その封は切られないまま突き返されましたが、「行政訴訟」の一歩手前まで行きました。

木村　宗像さんは法律と実態との乖離を突いていました。行政が嫌うことの一つに、法律や実態に基づかない通知などによる指導について、「行政手続法違反だ」などと突つかれることです。

当時、ＯＴＣ薬販売は規制緩和の流れで、薬局・薬店でしか売れなかったドリンク剤をはじめとして、ＯＴＣ薬の一部が医薬部外品に移行して、コンビニエンスストアをはじめ、どこでも売れるようになりました。その一方で規制強化につながる薬剤師不在問題が起こったということです。

法律や実態に基づかない通知を見直した

――法律と実態が乖離した原因は何だったと思われますか？

木村　ＯＴＣ薬の販売制度が戦前からずっと変わらなかったことでしょう。ＯＴＣ

薬の販売制度は薬種商販売業や配置販売業など、江戸時代からの制度がそのままに近い形で残っていました。それらの業態は政治力も持ち、薬剤師がいなくてもＯＴＣ薬が販売できたわけです。

ところがドラッグストアの多くは、薬局ではないが、管理薬剤師を必要とする「一般販売業」という業態で医薬品販売業の許可をとっていました。つまり薬剤師不在問題は、この一般販売業が狙い撃ちされる形で起こったわけです。

結果的にドラッグストアは薬剤師不在時にＯＴＣ薬販売コーナーを閉鎖しなければならない、しかし隣の薬種商はいつも通りＯＴＣ薬を販売できる、ということになります。この辺のところが法律と実態が乖離する原因にもなったと思います。

――厚労省も医薬品販売制度の見直しが必要になってくるわけですね。

木村　当時は医薬分業が急速に進んでいましたから、とにかく薬剤師不足もありました。そういうなかでＯＴＣ薬販売制度を厳しくすればするほど薬剤師不足に拍車をかけるというジレンマはあったと思います。

当時の局長は非常に柔軟な発想で全面改正を断行した

――そういうなかで登録販売者制度が出てきたわけですね。

木村　当時、薬種商もいろいろ問題を抱えていました。それについては、ここでは言いませんが、そういう諸々の問題について、当時の阿曽沼（慎司）薬務局長からも相談があり、宗像さんの話も聞きました。もちろん薬種商販売業や配置販売業などの話も聞いたうえで、これは一度全部、白紙に戻してから、全面的に医薬品販売制度を見直さなければ、法律と実態との乖離はますます大きくなるという結論に至ったわけです。当然、私もそのように主張したわけですが、当時の阿曽沼局長は非常に柔軟な発想をお持ちの方でしたので、医薬品販売制度の全面的な見直しを決断できたと思います。そういう意味では登録販売者制度ができた一番の功績者は宗像さんと阿曽沼さんだと思います。とにかく業界は宗像さん、行政は阿曽沼さん、政界は私という政・官・民のパワーバランスが一番良かったから、登録販売者制度が創設されたと思います。戦前から続いていたＯＴＣ薬販売制度を白紙に戻して全面的に見直すわけですから、一歩間違えれば政治的にも大変なことになるわけです。

――それで２００４（平成16）年5月14日、第1回目の厚生科学審議会医薬品販売制度改正検討部会が始まるわけですね。「厚生省」から「厚生労働省」に省名が変わったのが２００１（平成13）年1月からですから、すでに厚生労働省になっていたわけですね。

木村　宗像さんから何度か相談を受けました。確かに宗像さんがいうように、まさにＨ２ブロッカーのような切れ味の鋭い医薬品から、昔から家庭でなじんできたのど飴のような医薬品まで、すべて薬剤師がいなければ、ドラッグストアなどの一般販売業では販売できないというのはおかしいと思いました。

また管理薬剤師が必要なのは薬局と一般販売業でしたが、それと同じくらいの数がある薬種商販売業、配置販売業、当時は田舎に多かった特例販売業という医薬品販売業は、特定の個人資格がなくてもＯＴＣ薬を自由に販売できました。あと伝統薬メーカーといわれる医薬品を販売する業界もあったわけです。主に通信販売を中心とする業態です。それらを全部白紙に戻すわけです。そしてまず共通の医薬品分類について検討しました。

ご存じの通り、ＯＴＣ薬をリスクに合わせて第1類から第3類まで3分類するというものです。次に販売については、第1類は薬剤師のみ、第2類、第3類は薬剤師と、新しい医薬品販売者制度に基づく新資格制度を創設する、かつ新資格者は薬種商も配置販売業、伝統薬の通信販売も共通の制度にする、そして特例販売業は廃止するという大ナタを振るいました。

これが登録販売者制度の誕生ということになるわけです。

――薬局、一般販売業、薬種商販売業、配置販売業、特例販売、伝統薬などの通信販売を主とする販売業が共通の医薬品分類、共通の資格制度に基づく制度ができたことでそれまでの医薬品販売制度を巡る矛盾が解消されたということですね。

木村　一般販売業と薬種商販売業は、店舗販売業という新しい業態をつくり、全く同じルールにしました。これはドラッグストアと薬種商が一緒になったわけですから、スタート時点では大変だったわけですし、今でもそのしこりは残っているのはないでしょうか。

ちょうどそのころ、伝統薬とは違うネット販売業も台頭していました。配置販売業はすべて新配置にすると、一気になくなってしまうという危機感から既存配置という形で残し、新配置と既存配置が並行して制度化されたということです。期限は設けていませんが、いずれは新配置に集約されると思います。この既存配置を残すということも、当時としてはとても重要なことだったと思っています。

確固たる登録販売者の地位を築くため政治活動は不可欠だ

――登録販売者制度の創設に国会議員のお立場でご協力いただきましたが、この制度の理念、職能についてお願いします。

木村　私は薬学教育6年制にも関わりました。当時、獣医学部と同じようにまず4

＋2で6年制を実施する案と、一気に6年制を実施する案の2案がありましたが、私は初めから6年一貫教育を主張してきました。6年制の一番の目的は5年、6年の2年間でしっかり現場で実務実習を行い、臨床薬学を十分に学んでもらいたいという意味でスタート時点から薬剤師の「6年一貫教育」は不可欠だったわけです。

当然、医薬分業も進んできましたので、薬剤師はワクチン注射やアメリカやイギリスのように軽度な疾病は医療保険のなかで処方権も獲得する方向、つまり医療分野への本格的な参画を目指すべきだと思っています。

それに対して、登録販売者はOTC薬やサプリメント、または介護・衛生用品などを通して、セルフケア分野に積極的に進み、セルフケア市場を開拓していくことだと思います。単に登録販売者がいれば第2類、第3類医薬品が売れるということではなく、セルフケアの受け皿になってもらいたいと思います。当然、セルフケアの概念の中には、セルフメディケーションも含まれます。とにかく第2類、第3類医薬品を販売できるだけでは登録販売者の将来ビジョンは描けないと思います。いつ規制緩和の対象になるかもわかりません。

そういう意味でも登録販売者の新しい理念、職能としてセルフケア分野への参画と、そのための研究が必要です。そして研究だけでなく、それを制度の中に組み入れるためには政治の力が必要だということです。

私は、そのために２０２２年７月、参議院選挙に出馬し、登録販売者に向けた映像もＳＮＳを通して発信してきました。登録販売者の方々がセルフケア分野を切り拓くことで、ＯＴＣ薬販売についても責任ある対応はできると思います。

登録販売者のために取り組みたいこと

――「登録販売者」という名前からは、セルフケアや健康を支援するというイメージは湧かないですね。

木村　その通りです。私は登録販売者がセルフケア分野を切り拓くために、第１番目には「登録販売者」の名称を変えるべきだと思っています。

「登録販売者」より、日本チェーンドラッグストア協会が提唱されている「医薬品登録販売者」のほうが断然いいと思いますが、「登録販売者」という名称そのものがわかりにくいと思っています。

そのため、正式名称を「健康相談専門員」、通称はヘルマネ（ヘルスケアマネジャー）、またはセルマネ（セルフケアマネジャー）のような気軽に健康について相談できるイメージの名称がいいと思います。「医薬品登録販売者」にしても、「士」にして「医薬品登録販売士」に変えるよう働きかけるべきだと思います。

名前はとても大事です。先ほどの「厚生労働省」の省名改正にも私は立ち会いましたが、「労働」を先にするか、「厚生」を先にするかで大論争をしました。いろんな事情があって「厚生」が先にきましたが、名前というのはとても大事なのです。

私は登録販売者の名称を変えて、医療や健康づくりに関わられている関係者、そして何よりも一般の国民の皆様に、「登録販売者は〝国民の健康支援〟に関わる資格者だ、専門家だ」ということをわかってもらえるようにすべきだと思っています。登録販売者は薬機法に明記されていますから、国会で議論し改正するしかありません。

すべてのＯＴＣ薬販売に責任を持つ

２番目にはＯＴＣ薬販売に責任を持つという観点から、第１類医薬品も含めて、登録販売者が販売できるようにすべきです。

ネット販売等ではすでに第１類医薬品を含めてすべての一般用医薬品が可能になっています。それならば、リアル店舗では登録販売者がいれば販売できるようにして、セルフケアがより進みやすい環境をつくるべきです。

超高齢社会のなかでセルフケア・セルフメディケーション推進の専門家は不可欠です。そのためには一定の研修条件を付けても、登録販売者が第１類医薬品を販売できるようにすべきです。

３つ目は２０１９（平成３）年４月２日付通知で、薬剤師以外の一般従事者に一部の調剤業務を補助として行うことが認められました。私はこれを登録販売者に限定することで国民の安心安全が担保され、さらに可能な調剤補助業務の範囲も拡大させることができると思います。

中途半端な調剤補助では、薬剤師は対物業務から対人業務に大胆に移行できません。医師も2024年に向けてタスクシェア・タスクシフトを思い切って進めています。薬剤師も医療分野に向けて大胆な改革が必要です。そのために登録販売者をどんどん活用すべきです。ドラッグストアでは多くの登録販売者を抱えています。そのために一定の研修を受け、登録販売者の一つの業務として調剤テクニシャン化を図るのは可能だと思います。

職能団体が自らの職能を守るために政治活動を行うのは当然のこと

――登録販売者の職能団体として政治活動を行うことについてどう思われますか。

木村　職能団体が政治活動をしないという発想はありません。登録販売者は薬機法に明記されていますから、登録販売者の職能を向上させ、職域を拡大させるためには政治活動が不可欠です。そういう意識をぜひすべての登録販売者に持ってもらいたいと思います。

いわんや閣議決定された「規制改革実施計画」にＯＴＣ薬の遠隔管理が、さらにアナログ規制一掃法案にも盛り込まれ、具体的な検討が始まっています。遠隔管理は、店舗販売業の構造設備、ＯＴＣ薬の保管・備蓄管理、従業員に対する管理などを、通信機器（モニターなど）を用いて遠隔から管理することです。日本フランチャイズチェーン協会が要望しています。通常の店舗（コンビニなど）にＯＴＣ薬を陳列して、その場でモニターを活用して販売できるようにするための検討になります。

日本は民主主義国家ですから、法律は国民から選挙で選ばれた国会議員の多数決によって決められます。登録販売者の地位保全のためには政治活動が欠かせません。それは医師、歯科医師、薬剤師を見てもわかると思います。

現在、登録販売者数は25万人を超えています。これだけの登録販売者が結集すれば、登録販売者制度を守ることはもちろん、これからの日本に必要なセルフケアの担い手として、登録販売者を法的に位置づけていくことも可能です。

そのためには一人ひとりの登録販売者の方々が、これまで通り誠心誠意、日頃の業務に取り組むとともに、政治に関心を持っていただくことだと思います。

――２０２２年６月、店舗に登録販売者がいなくてもデジタルを活用して、一般用医薬品を販売できる制度の是非を検討することが「規制改革実施計画」に盛り込まれました。さらに衝撃的なことは同年12月、アナログ規制一掃法案の中で、規制改革実施計画に盛り込まれた内容を、２０２４年６月までに実現するよう岸田総理が議長を務める「デジタル臨時行政調査会」で決定されたことです。厚生労働省もそれに基づき、今年２月から検討会を開催し、その方向に沿って秋からは医薬品医療機器制度部会に報告し、法律改正に向けた動きが本格化する予定です。

今、登録販売者制度は、同制度が始まって以来の危機的な状況にあると言っても過言でありません。その一方で、わが国は世界に類を見ない超高齢少子化により、セルフケア・セルフメディケーションの推進は不可欠な状況です。それを登録販売者が担っていけるよう、ぜひみなさまのお力でバックアップしていただきたいと思います。

第2章

薬剤師と登録販売者の連携は可能か

日本薬剤師会
会長　山本 信夫
やまもと のぶお　1973年東京薬科大学卒業、東京・水野薬局を経て保生堂薬局入局。日本薬剤師会常務理事、同副会長、東京都薬剤師会会長、中央社会保険医療協議会委員（中医協委員）、国際薬剤師薬学連合副会長などを歴任。2014年から日本薬剤師会会長就任、2022年３月、対立候補なく５選目果たす。

ＯＴＣ薬の販売規制緩和　専門家の責任を背負う覚悟が不可欠

――デジタル化が進むなかで、ＯＴＣ薬の販売規制緩和の動きが再燃しています。

山本　世の中には、「秩序」が必要だと思っています。それが正しいか正しくないかは別問題です。ただその秩序、法と言ってもいいかもしれませんが、それは長い間、さまざまな変遷を経て、議論に議論を重ね、場合によっては51対49のギリギリの合意、いわばそれぞれの立場、立場の方々の妥協の産物として成り立っているものが少なくないと思います。それだけに、秩序や法というものは重くて、深い、簡単には崩せないものだと思っています。そのような秩序を簡単に否定してしまえば、まさに無秩序、無法地帯になるわけです。いわんや登録販売者数はすでに25万人を超えているということです。もう世の中に十分に受け入れられている数字だと思います。

ただし、「だから登録販売者制度を残すべきだ」ということではありません。一般用医薬品市場のなかで9割以上を占めるのが第2類・第3類医薬品で、これらの販売の多くを、登録販売者が担っていると思います。それに対する矜持といいますか、責任が問われているのだと思います。もちろん薬剤師会としては第2類、第3類もすべて医薬品ですから、薬学的管理の下に薬剤師が販売すべきだというのが大原則です。しかしながら、登録販売者という制度がすでに定着しているわけですから、逆に登録販売者は薬剤師と同じ立場で、第2類、第3類医薬品販売の責任を背負っていただかなければならないと思います。

――「登録販売者は参入障壁」などと位置付けられ、規制緩和の対象になるのではと危惧しています。その点、どう思われますか。

山本　医薬品販売の制度改革論議が本格化したのは今から20年ほど前です。当時、私は社会保険を担当していましたが、当時の医薬品販売制度改革の論議で、いろいろあったことは承知しています。当時から根強いOTC薬販売の規制緩和や、医薬品販売の新しい資格制度化について、様々な意見がありましたし、意見も出しました。

そういうなかでも、医薬品を販売する際、どういう形が一番いいかを整理したとき、リスクに合わせて分類したらどうかという意見がありました。
私は、当時から「医薬品という成分をリスク別に区分し、かつそのリスクに合わせて情報提供の内容も変える」ということに、とても違和感を持っていました。

――どういう違和感ですか。

山本　当時と現在ではネット環境一つとっても大きく変化しています。例えばネットによる医薬品情報もＲＡＤ-ＡＲ（くすりの適正使用協議会）のようにオーソライズされた情報と、ＳＮＳで流されているような、全く個人的で、主観的な情報が同じ土俵で氾濫している状態です。ヘルスリテラシーの格差についても真剣に論議されないまま、現実問題として医療の専門家と、それ以外の方が「ネット情報を元にして同じように判断しろ」と言われているような状況です。
例えば、一般の人に「胃薬を飲んで胃を悪くする」と言うと、一瞬、「エッ?!」と思われるでしょう。登録販売者は、そういうことを受験の際に勉強されたかもしれませんが、薬剤師から見ると、それはすごく当然の話と受け止めます。薬は人体にとって異物であることをよく理解しているからです。その異物を症状の緩和という視点で科学的に評価して、症状を緩和するという良い点のみが的確にコントロールされた物が医薬品で、ただ闇雲に薬だからと服用すれば、人体にとって異物を飲むわけですから、体に異変を来すのは当たり前です。

また、薬は成分によるリスクだけでなく、服用する人の体質や、その時の体調によっても、極論すれば年齢や性別、さまざまな条件によって大きく変わるという特性をもっています。そこが他の商品と全く違うところです。この違いをよく理解できれば、自ずと売り方も変わってきます。

本当に不幸な話ではありますが、薬剤師がその販売に関わっていたのに、われわれはいくつかのいわゆる「薬害」の歴史を経験しています。

「薬害は二度と起こさない」。医薬品に関わる者は常にそのことを肝に銘じておく必要があります。そう考えると、薬の成分リスクによって、提供する情報に格差がありそうだということ自体が、薬剤師にとっては違和感があるということです。

リスク区分可能な医薬品は本来、あってはならないこと

——それをよく理解したうえで、医薬品を販売するのが大事だと思います。

山本　そういうことです。例えば、わが国では原則としてＯＴＣ薬は合剤しか認めてきませんでした。その一方で、単味剤しか認めないという国もあります。原則として合剤しか認めていませんので、そうするとＯＴＣ薬の主薬成分のリスクを区分するのはますます難しくなるはずです。

つまり、リスク区分にあたって主薬と脇役となる配合薬の成分との関係、主薬に及ぼす影響や配合された医薬品が服用する個々の人に与える影響等をどのように判断するのか、こうしたことが気になりだすと、ＯＴＣ薬を主薬成分ごとにリスク区分するのは非常に難しいということになります。そういうことを十分に認識して、登録販売者の方が顧客に接して、説明していただければと思います。

――その辺のところをお客さんにわかりやすく説明するのは本当に難しいですね。

山本　今後、セルフケア・セルフメディケーションの推進という流れは、より強くなると思います。そういう時に、登録販売者が顧客から、「今、飲んでいる薬と、この2類の薬を飲んでいいいか？」と聞かれたときに、「それはダメです」とハッキリ言って、相互作用などを防ぐことができたら、本当に素晴らしいことだと思います。もっともこの判断をするには、「登録販売者の守備範囲はどこまでか？」ということを常に意識していることが前提です。

あえて言わせていただければ、現場レベルでは、「それはダメです」といったら、「なぜダメですか？」と聞かれます。その時、その理由をきちんと説明できて、当該顧客に納得してもらえる回答を出せるのが専門家です。単に「添付文書に書いてありますから…」では、相手の方は納得されないでしょう。店頭の登録販売者の方も経験されていると思いますが、顧客の多くは正しい知識を持った専門家の口から直接、発せられる生の言葉でないと、なかなか納得してもらえないものです。

そう考えると、顧客に説明して、納得してもらうために、「自分は今、何を勉強しなければならないか」がわかってくると思います。

すべての医薬品は異物であり、本来は有害なものである。薬の反応は人によって変わり、同じ人でも体調によっても変わる。時に命を奪うほどの危険なものでもある。さらに回答するタイミング、口調、高齢者や子供、妊娠の可能性がある女性等々、医薬品を扱う薬剤師や登録販売者は、その顧客のいろいろな状況を想定した回答を出すためには、どういう知識、経験が必要かは自ずとわかってくると思います。

その延長線上に「社会に役立つ登録販売者とは何か？」ということが見えてくるのではないでしょうか。これは薬剤師にも同じことが言えると思います。

薬剤師は、登録販売者制度ができたころから急激に院外処方箋が伸びたために、調剤に目が行き過ぎ、ＯＴＣ薬を半ば手放してしまったという指摘は、あながち否定できないと思います。それが平成の30年間の一番の大きな変化だったと思います。

同様に登録販売者も「第2類、第3類を単に売れる」というだけで急増したように思いますが、これからは、情報を含めて本当の意味で第2類、第3類医薬品について「きちんと販売してきたか」が問われてくると思います。

薬局・薬剤師はなぜＯＴＣ薬を手放したか

——調剤とＯＴＣ薬の問題、山本会長はまさに医薬分業元年（１９７４年）からずっと、この問題に薬剤師として直面されてきたと思います。当時から薬剤師がこんなに調剤中心になると想定されていましたか？

山本　平成の30年間で大きく変わったのは、医薬分業（処方箋が発行され、地域の薬局が処方箋を受け付けて調剤をする）が当たり前になったことと、それに伴い大多数の薬剤師がＯＴＣ薬を半ば手放してしまったことだと思います。世界の歴史のなかで、これほど短い間に、これほど大きな制度改革はなかったと思っています。

水野（睦郎）先生がよく仰っていたことに、「ヨーロッパでは、ことが定着するには１００年かかる」という話があります。つまり一つの制度は25年考えて、それを25年試してみて、25年使ってみる。そしてそれが定着するのに25年、合計１００年という、制度として社会に定着するには、気の遠くなる時間が必要だということです。ヨーロッパの文化はそういう一面をもって形成されているということです。

その点、日本の医薬分業は、とても速かった。まさに駆け足です。当然、いろいろな問題もあるでしょう。薬剤師が半ばＯＴＣ薬を手放したのもその一つでしょう。

私が薬剤師として駆け出しの時代に、ちょうど医薬分業元年を迎えました。２０２４年は分業元年から50周年目にあたる記念の年です。今は50年前に比べて、薬剤師は医薬分業という呪縛から完全に開放されているようにも見えます。

薬剤師がこんなに調剤中心になると想定していたかについては、私の個人的な感想ですが、50年前、医薬分業運動に取り組まれたときには、恐らく「院外処方箋が増えても、当然のように、きちんとＯＴＣ薬の供給はするだろう」とみんな思っていたと思います。誰一人ＯＴＣ薬を手放すなどと考えた方はいなかったと思います。

当時、何よりも熱い思いで、まさに命を賭してでも医薬分業の実現に向けて奔走された方が大勢いました。その時代の方々は、駆け出しだった私も含めて、調剤薬だけでなくＯＴＣ薬の供給は当たり前中の当たり前、それを意識さえしないほどに当たり前のことだったと。だからＯＴＣ薬を手放すという発想そのものがなかったと思います。ただ、現実にはＯＴＣ薬はドラッグストアに移ってしまったということです。

――今、調剤薬局でもＯＴＣ薬の取り扱いに関心が高まってきています。

山本　一つの原点回帰かと思います。本来の姿に戻るということだと思います。当然のことながら、薬剤師がＯＴＣ薬を扱わないというのは、本来、果たすべき業務に偏りがあることだと思います。そういう意味では、ちょうど院外処方箋が急増する頃に、ドラッグストアが増加し、ＯＴＣ薬はドラッグストアという流れが予想外にできてしまった。今後はドラッグストアでも調剤が本格化するでしょうし、薬局でもＯＴＣ薬を扱うのが当たり前になり、結果として原点回帰していくと思います。

登録販売者は最初にふるいにかける役割を果たすことを期待

――薬局もドラッグストアも当たり前に調剤とＯＴＣ薬を扱う時代、そういう時代に登録販売者に期待することはありませんか。

山本　とても難しい問題ですが、現実的には登録販売者がすでに25万人もいて、第2類、第3類医薬品販売の供給は登録販売者抜きでは回らなくなっているという現実があります。もちろんＯＴＣ薬の商品知識も豊富に持っていると思います。

例えば、同じＯＴＣ薬でも北海道と九州で販売名が異なっている製品もあると仄聞しています。また同じような商品名でも薬効が全く違うＯＴＣ薬なども珍しくありません。これらの違いを商品レベルではなく、成分特性から説明できるのは薬剤師です。加えて調剤薬を服用している場合などは、うまく薬剤師につないでもらうというのは大切なことだと思います。そういう意味では登録販売者は最初にふるいにかけるところの業務、つまり最初に顧客を見て、話しを聞いて、商品知識で対応できる場合は登録販売者が担当し、商品知識を超えた成分知識レベルのところは薬剤師につなぐ、場合によっては医師につなぐということもあると思いますが、そういうことが登録販売者の業務の一つとして定着することは期待されると思います。

薬剤師と登録販売者は連携できるか

――薬剤師と登録販売者がうまく連携できる可能性はないでしょうか。

山本　かつては薬局、一般販売業、薬種商販売業、配置販売業が、それぞれ業態が違っていましたので、例えば薬局と薬種商販売業を併設する店舗というのはなかったと思います。今は薬局すなわち調剤と店舗販売業すなわち一般用医薬品の販売を併設したドラッグストアは当たり前で、今後はますます増えていくと思います。むしろ、そういう併設型のドラッグストアのなかで薬剤師と登録販売者が連携することはあるかもしれません。

私は、販売制度改革のときに、当時の薬種商の方々が薬種商という店舗の資格（許可）を捨て、薬種商の個人資格化を望まれるというお話を聞いて強い違和感を持ちました。そのために、その当時、「仮に薬種商の個人資格化が実現したら、そのとき薬種商販売業の業態はどうなるのですか」とお聞きしたことがあります。つまり薬種商は、薬種商という店舗をもって医薬品を売ることを業としていましたが、その店舗を捨ててしまったら、個人資格だけの薬種商は、何をもって業を引っ張って行くのかということです。

誤解を恐れずに言えば、薬種商は個人資格を選ぶことで、医薬品販売業という業を捨てたことになります。実は薬種商という業種の店舗に医薬品販売の許可を与える制度は、一見、不便に見えるかもしれませんが、薬種商が医薬品販売業を営むうえで、非常に優れた制度だったと思っています。

実は、薬剤師も同じです。薬剤師は薬局がなければ調剤、つまり薬剤師の業務の大半ができません。最近は在宅とか、薬局以外のところでオンライン服薬指導など、解釈の範囲は拡大していますが、それも薬局がベースになってのことです。つまり薬剤師の専権的業務である調剤は、薬局があって初めて成り立っているということです。ですから薬剤師は薬局を手放すことはありません。

薬局の法の建て付けも開設者が薬剤師で、当該薬局の管理者になるというのが原則です。開設者が薬剤師でない場合など、他の薬剤師を管理者に指定はできますが、それはあくまでも「但し書き」です。この原則が本当はとても重要だということです。ここを崩してしまい、薬剤師が当該薬剤師の勤務する薬局でなくても、どこでも調剤ができるようになると、責任の所在は不明確になり、薬局の存在は曖昧・希薄になり、薬剤師は単なる調剤マシンのようになってしまう可能性があるということです。

よく考えてみると、登録販売者は業を営む店舗がないということは、その代わりどこでも自由に勤務してOTC薬販売ができるというメリットは確かにありますが、本来の意味での医薬品販売業という「登録販売者の業の拠り所」、もっとわかりやすくいえば、店舗を持たない登録販売者は、かつての薬種商のように店舗を持つ薬種商と比べると、重みといいますか、価値が全然違うように思います。

そのために、薬剤師が薬局では調剤を独占しているように、登録販売者は店舗でOTC薬を独占する必要があります。他の一般従事者に販売を委ねては、ますます登録販売者の存在は曖昧になると思います。

単に2類、3類医薬品を売れるだけでは淘汰される

――現にOTC薬の販売業という業を営む事業者は激減しています。

山本　そういう意味で考えると「登録販売者とは何か」「何をする人か」という問題が非常に大きくなるということです。「単に登録販売者が店舗にいれば第2類、第3類医薬品を売れる、いなければ売れない」というだけでは、これからのデジタル社会のなかで淘汰の対象にならざるを得ないと思います。デジタル社会はさまざまな職業に影響を与え、いかにデジタルを活用できるかが問われてきますが、規制改革の推進を唱える人は、とりあえず「参入障壁をなくせばいい」という発想です。なくした後のことを考えているようには思えません。その責任は、最終的にそれを認めた業界全体の責任になるわけです。ですから日本医薬品登録販売者協会にも頑張って阻止できる体制を整備してもらいたいです。

現在、最も多くの登録販売者を雇用されているドラッグストアの関係者、本当はそ

れ以上にそこで働かれている個々の登録販売者の方たちが真剣に考えていただくことが必要だと思います。昔は各地区に薬業会というものがあり、そのなかでは薬剤師会や薬種商、または医薬品商組などがあり、ときには激しく意見を戦わせますが、地域の医薬品提供体制を守るという点では仲良く薬業会という一つのくくりのなかで一緒にやってきたわけです。それらの団体がなくなって、旧弊に縛られることなくのびのびと仕事ができるようになったという、良い面もありますが、地域という極めて重要な概念が希薄になったという負の部分も当然あるわけです。

とにかく対等な立場で、不謹慎な言い回しですが、「仲良く喧嘩しながら」も、医薬品を扱う団体として国民・地域住民・患者のために何ができるか、そこに働く人たちをどう守っていくかを検討するのは大事なことかもしれません。それも形は違いますが一つの原点回帰かもしれません。

——薬剤師の管理指導の下で医薬品の一元的・継続的管理や、調剤補助などに登録販売者を活用できる方法はありますか。

山本　そもそも登録販売者は薬剤師に頼って仕事をしたいと思っているのですか。それとも登録販売者として独立して存在したいと思いますか。

――登録販売者は制度的に三つの分野で働ければと思っています。一つ目はセルフケア・セルフメディケーションの受け皿として、第2類、第3類医薬品販売を核に、まさに独立した形で地域住民に貢献することです。二つ目は薬剤師による医薬品の一元的・継続的把握を補助するための登録販売者です。三つ目が調剤補助的な業務で、主に調剤室でピッキング業務に従事する登録販売者です。

山本　登録販売者が薬剤師に依存するような業務を行うのであれば、私は登録販売者である必要はないと思います。仮に日本で薬剤師を補助する調剤テクニシャンなどの制度を創設するとすれば、それはどういう性格や能力などを持つ人か等々についての議論が必要です。それがないまま、ただ、例えば0402通知（平成31年4月2日に厚生労働省が発出した「調剤業務のあり方について」の通知）などに基づいて、錠剤を数える程度の補助的な業務のことであれば、極論すれば一般従事者で事足りるわけです。それなら何のために登録販売者の試験を受けたのかということになると思います。あくまで対等な形で薬剤師とコラボ的な業務であれば想定できるかもしれませんが、それは薬剤師の管理指導の下でということではないように思います。

それと規制改革推進会議が登録販売者の管理者要件を1年短縮させましたが、それは果たして登録販売者のために良かったかということです。私は登録販売者ではありませんから、賛成も反対もしませんが、ただ登録販売者にとってはとても警戒しなければならない見直しだったと思っています。確かに規制緩和の流れですから、ドラッグストアなどの経営者にとってはプラスですが、その一方で、登録販売者またはその資質を持った専門家団体としては問題視すべきだったのではと思います。

世の中にはいろんな資格がありますが、その資格の外の人から見ると、その壁はなるべく低いほうがいいわけです。しかし、その資格の中にいる人は、なるべくその壁を高くしておく必要があります。これは一つの手練手管かもしれませんが、登録販売者も同じだと思います。そうしないと、すぐに登録販売者の職域や専門的資質といわれる領域は侵食されてしまうでしょう。もし薬剤師と連携するなら、薬剤師と同じ高さの壁は不要ですが、現在の登録販売者の壁を下げることも不要だと思います。言い換えれば、一定の知識に裏打ちされた資格を持つ者と資質を持つ者が、国民・患者のために対等な立場でＯＴＣ薬販売について連携できるということです。

登録販売者の壁を低くするような動きがあったら、それをどのように阻止していくか、それも単に阻止するというだけではなく、阻止できるための実績、背景を同時につくっておく必要があるということです。そうしないと実態がないのに要望だけするという最悪の状況を招くことになりかねません。

――薬種商から登録販売者に移行した経緯を知ることで、現在の登録販売者が強化しなければならないところの一つが見えてきたように思います。とにかく登録販売者以上に登録販売者のルーツをご存じの薬剤師の方々に、これからの登録販売者の活動を応援していただければと思っています。そのために登録販売者や職能団体が行わなければならないヒントを多くいただいたと思います。

第3章

ドラッグストアで役立つ医薬品登録販売者とは

一般社団法人　日本チェーンドラッグストア協会
会長　池野 隆光
いけの たかみつ　1966年大阪経済大学経済学部卒業、同年全薬工業に入社。1971年埼玉県新座市で池野ドラッグ開業、グリーンクロス・コア取締役副社長、寺島薬局代表取締役社長などを歴任、2013年3月1日、ウエルシアHD代表取締役会長就任、2016年ドラッグストア業界トップの売上高を実現、2019年6月、日本チェーンドラッグストア協会会長、2022年６月一般社団法人として２期目。

ドラッグストア業界10兆円、流通業界でも大きな勢力に

――ドラッグストア業界10兆円市場が見えてきました。それに伴いドラッグストアに対する社会からの信頼も高くなっているように思います。

池野　ドラッグストアへの信頼が高まっている要因は市場規模だけでなく、いろいろあると思います。例えば、新型コロナで医療機関は大変ご苦労されましたが、ドラッグストアでも国からのＰＣＲ検査の無料化事業への協力依頼を受け、それに対応させていただき、それによって地域住民や行政からの信頼も高まりました。そういうことが新型コロナの抗原検査キットのスイッチＯＴＣ化にもつながっていると思います。

今では「ドラッグストアで抗原検査キットが購入できる」というイメージも一般化しつつあります。これまでドラッグストアは、「たかだかＯＴＣ薬や化粧品を売っているくすり屋に、新たな感染症対策などできるか――」という、とても残念なイメージが強かったと思いますが、医療提供施設としても認知されつつあると思います。

医薬品登録販売者は暮らしのサポーターに

——そういうなかで医薬品登録販売者の新たな役割も期待されると思います。

池野　医薬品登録販売者が店舗にいれば第2類、第3類の医薬品（以下、「ＯＴＣ薬」）が販売できます。ただ、私が強調したいのは、医薬品登録販売者はそれだけにこだわってほしくないということです。医薬品登録販売者はＯＴＣ薬を単に販売するだけではなく、地域の人々または目の前のお客様の状態をちゃんと確認し、その人に合わせた健康増進や日常の暮らしをサポートできる、それが本当の役割だと思います。

医薬品登録販売者はすでに25万人を超え、「これ以上、医薬品登録販売者を増やす必要はない。ＯＴＣ薬はネットでも販売できるじゃないか」という意見も出ていますが、それは全く的外れだと思っています。

日本の社会は、これから数年の間に後期高齢者が激増します。逆に生産年齢人口は２０４０年にかけて急速に減少します。そういうなかで健康維持・増進のための運動や食事、生活、フレイル対策などについて相談に乗れる専門家の需要は確実に増加します。それができるのは医師や薬剤師、管理栄養士だけではないと思います。

日常の生活をサポートできるのは医薬品登録販売者が最適だと思っています。

――確かに健康な人に対する生活サポートというカテゴリーは、医師や薬剤師だけということにはならないと思います。

池野　医薬品登録販売者は、健康生活をサポートができて、そのうえでOTC薬の販売もできるという形にしなければならないと思います。デジタル化が進めば進むほど、モノの供給、販売はアマゾンをはじめとしてIT企業が増えてきます。

ただ、健康生活のサポートは通信販売には向いていません。そういうところに医薬品登録販売者は注力していかなければならないと思います。

――JACDS（日本チェーンドラッグストア協会）のドラッグストア実態調査では、ドラッグストアには1店舗当たり5～6人の医薬品登録販売者がいるという結

果です。ドラッグストアが2万店とすれば、ドラッグストアだけで10~12万人以上の医薬品登録販売者がいることになります。それだけの医薬品登録販売者が一人ひとりのお客様に「大丈夫ですか?」とお声かけすれば大きな変化が起こると思います。

池野　それがとても大切なことだと思います。ただ勘違いしてほしくないのは、例えば「かぜ薬」の成分や、モノの話をするために、お声かけをするのではないということです。あくまでも目の前のお客様に対して、「ちょっと顔色が悪そうだけど大丈夫ですか?」、または「歩き方が普段とちょっと違いますけど、大丈夫ですか?」等々、お客様のちょっとした変化に気づいて、お声かけをすることが大切です。そういう親身なお声かけによって、お客様の方から家族の話や孫の食事の問題などの話が出てきます。そういうことが医薬品登録販売者の本当の役割だと思います。

医薬品の検索方法を教えるのも医薬品登録販売者の重要な役割

——聞く力のある人は、お声かけのタイミングもうまいと思います。資質向上研

修も必要になってくるのではないでしょうか。

池野　資質向上のための研修は確かに必要です。ただ、その研修はモノの研修、つまり薬の成分などについての研修になりがちです。薬の成分などについては、スマホで簡単に入手できます。それを前提にお客様と話をしないと、かえってお客様から敬遠されます。

もちろんすべてのお客様が、スマホで成分検索ができるわけではありません。ですから研修では、むしろそういうお客様に対して、信頼できる医薬品情報サイトの正しい検索方法を親身に教えられるような内容も必要だと思います。特にお年寄りの方は言葉や紙をもって説明しても、記憶はすぐに消えますし、紙もすぐに紛失します。本当は、高齢者ほどネット情報が役立つと思いますので、そういう普及も必要なのではないでしょうか。

ただスマホを持っていない方もいます。そういう方には家族の方に検索してもらうとか、場合によっては印刷した紙ということになると思います。

そのように個々のお客様に合わせた相談対応はネットでは無理です。デジタルを活用した新しい情報提供、相談対応の在り方というのは、これからの医薬品登録販売者研修に必要になるのではないでしょうか。

――デジタル時代に対応した情報提供というのは素晴らしい発想だと思います。ネットによる検索環境は大きく変わり、医薬品だけでなく、さまざまな家庭用品による事故等々、またパーソナルヘルスレコード（PHR）などの活用法についても、医薬品登録販売者向けの研修を通して、お客様に伝達できる仕組みづくりが必要かもしれません。

池野　そうです。デジタルを敬遠するのではなく、逆に取り組んでいく時代に大きく変わってきました。本来、専門家であればあるほど、その影響を受けると思います。もちろんお客様の健康情報の入手方法も変わっています。今、スマートウォッチなど、さまざまなウエアラブルのデバイスが開発されています。そのなかでさまざまなパーソナルヘルスデータも蓄積されています。現在はそれぞれが個人でデータを持っているだけという人が多いと思いますが、そういう健康データをもとに、お客様の了解をとって、医薬品登録販売者が適切にアドバイスできるようになればいいと思います。受診勧奨などにもとても役立つと思います。

とにかく医薬品登録販売者は今あるデジタル技術をうまく活用して、それをお客様に提供することが大切です。そういうことができて、初めて説得力ある商品紹介もでき、受診勧奨もスムーズにいくと思います。そうしないと逆に、デジタル技術によって医薬品登録販売者不要論が起こってくると思います。

デジタル技術を活用できる医薬品登録販売者が重要

――新型コロナで医療従事者や行政はデジタル化が遅れていることが明らかになりました。医薬品登録販売者がデジタル技術を積極的に活用し、そのなかから医薬品登録販売者の新しい資質を向上させるという発想はとても素晴らしいと思います。

池野　私は日本チェーンドラッグストア協会会長として、そういう医薬品登録販売者を育成しなければいけないと思っています。その育成については、これは薬剤師もそうですが、来た処方箋を正しく調剤しているだけではデジタルに負けてしまいます。逆に、デジタルを利用するという発想転換が必要だと思います。

今後、医療財源が逼迫するといわれますが、それ以上に後期高齢者が急増するということです。後期高齢者になると誰でも医療を受ける機会が増えます。そういうなかで医薬品登録販売者が医療・健康づくりのゲートキーパー的な役割を果たしていくことは本当に必要になってくると思います。そういうニーズは確実に拡大しますし、それに対応できるのは医薬品登録販売者しかいないと思います。

何より医薬品登録販売者は新しい資格ですので、皆さんが若いというのが大きな強みでもあると思います。

——医薬品登録販売者がそのような期待に応えられるよう頑張ります。

池野　もう一つ医薬品登録販売者には大きな特徴があります。それはいろいろな経験をしてきた人が本当に多いということです。

医師、薬剤師、看護師、管理栄養士は若い時からそれぞれの道を歩まれてきた方々です。それに対して医薬品登録販売者は前職でいろんな経験をされた方が多いのです。そういう経験が、お客様の人となりを見て、どこに住んで、どういう暮らしをされているか、仕事は何か、趣味は何かなどを聞き取るのに役立っているように思います。そういう情報が個々のお客様に対応するためには欠かせません。そういう力は医薬品登録販売者の強みだと思います。

最近は専門学校でも医薬品登録販売者受験コースなどができているようですが、私は薬剤師のミニチュア的な教育はしてほしくないと思います。

「この街を支えている」という自負を持てる医薬品登録販売者に

――薬を売るというのとはちょっと違いますが……。

池野　医薬品登録販売者は「この街を支えているのは医薬品登録販売者だ」という意識をしっかりと持ってもらい、地域の行政とも組んでさまざまな活動をやってもらいたいと思います。

健康生活をサポートするのは薬だけではありません。例えば食品です。健康は地元でとれたものをしっかり食べる、またはその食べ方などを教えてあげることが、本当の健康の元になると思います。気候・風土の全く違う海外で採れたものを食べるより、体にいいに決まっているわけです。そういう当たり前のことを、お客様と日常的にお話しながら広めていくというのはとても大切なことだと思います。

本当は、みんな健康であれば薬はいらないわけです。薬を使わなくて済むようにするのが医薬品登録販売者の役割だと思います。

――とても素晴らしいお話ですが、多くのドラッグストアではお客様の相談に乗って、楽しいと思えるほどの時間がとれるでしょうか。

池野　例えば、本を読む時間がない、また仕事中でも床掃除をする時間がないといいながらも魚釣りやゴルフをする時間はあるというのはよくある話です。時間の使い方は人それぞれ。要は、お客様と会話の時間をとるかどうかの問題です。医薬品登録販売者の方にはお客様との会話を大切にしてもらいたいです。

ただ経営者、店長の中には医薬品登録販売者がお客様と相談か、雑談かわからない時間をとるなら「品出しをしなさい」「レジに回りなさい」などと言いたくなる人もいます。

そういう意味では経営者も変わらなければならないと思います。医薬品登録販売者がお客様とコミュニケーションをとる時間を無駄だと考えるなら、医薬品登録販売者だけでなく、ドラッグストアの将来はないと思います。

本来、店舗はお客様のためにあるものです。それにもかかわらず、お客様が困っているのに、相談する時間がとれないと言っていたら店舗の成長はないと思います。

店舗を成功させなければ、会社を成功させることはできません。そのためには医薬品登録販売者がお客様の話を聞くのは当然です。「お前は一日中、お客様としゃべっている。偉い！」と言うくらい、地域住民との会話を大切にしないと駄目なのです。

店内で健康相談が可能ですか

――ドラッグストアは、特に医薬品登録販売者は忙しそうで、とても健康相談を持ちかける雰囲気はないと言う方も多いです。その壁は超えられますか。

池野　もちろん超えられますし、超えていかなければならないことです。

化粧品売り場について、「お客様がいないのに、なんで化粧品の相談コーナーに立っているの？　レジに入ってお客様の待ち時間を少なくしてやりなさい」という話はよく聞きますが、薬剤師について「売り場がとても忙しいのに、薬剤師が調剤室にこもって出てこない」といわれることは少ないでしょう。

それぞれの役割を果たそうと思えばそれは止むを得ないことです。逆に調剤が忙しいときに、売り場の人が調剤室に入って手伝ってくれるかといえば、それはできないわけですから。

――医薬品の情報収集はネットでできる、それより医薬品登録販売者はネットではできない個々に対応したコミュニケーション力を身につけなければならないというのは印象的です。デジタル化が急速に進みつつある日本社会のなかで、「アナログ規制一掃」という国の方針もあり、医薬品登録販売者は戦々恐々としているところがあります。逆にデジタルを積極的に利用する、ネットで検索できない人には検索の仕方を教える、生活するうえで困っていることを聞いてあげる、そういうコミュニケーション力の上に、医薬品登録販売者の役割があるという方向は、今後の日本の健康政策にとても必要なことだと思いました。

第4章

日本医薬品登録販売者協会の目指す方向は何か

一般社団法人　日本医薬品登録販売者協会
会長　樋口 俊一

ひぐち としかず　1974年北里大学薬学部卒業。1974年ヒグチ産業株式会社入社、1990年代表取締役社長就任。東京都議会議員、参議院議員、衆議院議員を歴任、1999年日本チェーンドラッグストア協会設立時から副会長就任（現任）、2013年一般社団法人日本医薬品登録販売者協会会長就任、現在に至る。

アナログ規制一掃について

――2022年12月、「デジタル臨時行政調査会」（以下、「デジタル臨調」という）が、アナログ規制一掃に関する法令約1万条項すべてを見直す方針を出しました。その工程表にはOTC薬販売に関する医薬品登録販売者の常駐専任規制も、2024年6月までと期限付きで盛り込まれています。これをどのように思われますか。

樋口　2022年6月に閣議決定された「規制改革実施計画」では、OTC薬の遠隔管理は期限が設けられずに、2022年度中に「制度設計の是非について検討する」という記載のみでした。そのために当分の間、この問題は終息したと正直とても安心していたところです。ところが同年12月に岸田首相のデジタル臨調で、規制改革実施計画と同じ内容ながらも「2024年6月まで」と期限が設けられました。これは深刻に受け止めなければならないと思っています。

――もともと一般用医薬品のネット販売が解禁された２０１４年6月から、情報提供については、ネットはもちろん電話・カタログ販売が認められました。ただ保管・管理、構造設備、従業員などの管理はリアルが義務付けられ、店舗で実地に管理した医薬品以外には発送が認められないというルールでした。

樋口　デジタル臨調は期限を設けましたが、その内容は規制改革実施計画と同じで、それで安心はできないと思っています。河野デジタル大臣が考えているのは、「制度設計の是非について検討する」だけではないように思います。つまり医薬品の管理などについて、具体的にどういう管理があり、それぞれの管理のためにどういう知識、技術、資質が求められるか、そして、それらがデジタル管理の際に、どういう条件をクリアすれば可能になるか、そういう論議になるのではないかと危惧しています。

――やはり医薬品のデジタル管理は避けられないと思われますか。

樋口　この時代にデジタルを１００％否定することは難しいと思います。むしろ、医薬品登録販売者がデジタルを活用して、どのようにサービスを向上させるかの論議が必要になるかと思います。医薬品登録販売者がデジタルに淘汰されるのではなく、逆にデジタルを駆使していかに医薬品登録販売者の役割を明確化するかという視点も必要かと思います。すでに、その段階にきていると認識しています。

例えば要指導医薬品、第1類医薬品の管理は医薬品登録販売者でもできます。つまり要指導医薬品などを販売している店舗で、薬剤師の管理・指導の下、3年間の業務経験があれば、要指導医薬品、第1類医薬品の管理は医薬品登録販売者でもできます。このルールは医薬品登録販売者制度が始まったときから認められていますが、あまり行使されていません。そのため規制改革推進会議でもそういうルールがあること自体、論じられていないと思います。

要指導医薬品、第1類医薬品を管理できる医薬品登録販売者の活用

――仮にデジタル管理を前提とした検討になった場合、例えば薬剤師不在でも第1類医薬品を管理できる医薬品登録販売者が常駐していれば販売できるという視点も

必要だと思います。


樋口　そういうことも含めてぜひ検討してもらいたいと思います。

ただ、現状は医療用医薬品のオンライン服薬指導が正式に認められているなかで、なぜ医療用からスイッチされた要指導医薬品ができないのかということだと思います。現状のままでは、医薬品登録販売者不在のまま、要指導医薬品、第1類医薬品のデジタル管理という話が進むのではと危惧しています。

厚生労働省が2021年に実施した「薬剤師の需給動向把握事業における調査」では、薬剤師しか売れない要指導医薬品を扱っている薬局は6割、4割の薬局では扱っていないという結果でした。せっかくスイッチされた要指導医薬品が半数近い薬局で販売されていないということです。

第2類、第3類医薬品については、ドラッグストアの営業時間中は医薬品登録販売者が常時、常駐して販売しています。これはOTC薬の販売時間を定めた「2分の1ルール」が撤廃されても、少なくともドラッグストアでは徹底されています。

現在、医薬品登録販売者数は25万人を超えており、すでにドラッグストアでは医薬品登録販売者を常駐させられるだけの人数が確保されています。一部のコンビニエンスストアは経営努力を棚に上げて、医薬品登録販売者の採用が難しいため、国民消費者の立場からではなく経営者の発想で「デジタル管理を認めろ」というのはおかしな話だと思います。むしろ、今後、日本は医療・福祉分野で深刻な人材不足に陥ることが明らかになっています。そういうなかで医薬品登録販売者を活用する方法を今から検討すべきだと思います。

――規制改革推進派は「規制を緩和すればいい」、「その後の責任は業界の責任」だという感じです。世論もその方向に近く、規制を緩和する推進派が評価され、守旧派の業界側は批判されるという暗黙の了解があるように思えてなりません。

樋口　それはあると思います。例えば極論ですが、医薬品の販売規制が撤廃されたとします。そうすると医薬品の備蓄・保管管理、構造設備の管理、従業員の管理、それぞれの担当責任者も不要になります。その結果、偽造薬の問題、期限切れ薬の国内外への横流し問題、売り場の衛生管理問題、薬物の乱用問題、さらにヘルスケアを担う深刻な人材不足問題、等々の問題を誰が責任をとるかです。規制改革推進派はとれませんし、とりません。あくまで規制緩和を最終的に認めた守旧派といわれる業界側の責任になります。もちろん厚生労働省の責任も問われると思います。

――「医薬品登録販売者がいれば第2類、第3類医薬品販売を販売できる」、それはドラッグストアにとってはとても便利な制度ですが、それだけでは医薬品登録販売者がデジタル化の波を乗り切れない時代になったのかもしれません。やはり医薬品登録販売者にセルフケア・セルフメディケーションの推進役として、どう法律、制度に盛り込んでもらうか、そういう動きが必要だと思います。

樋口　これから75歳以上人口が急増し、２０４０年に向けては生産年齢人口が急減します。そして２０４０年には、なんと生産年齢人口の5人に1人が医療・福祉に従事しなければならないと国は予測しています。そうならないために国はさまざまな施策を講じていますが、すでに介護の担い手は慢性的な人手不足に陥っています。

「移民政策で解決できる」と豪語される方もいますが、すでに日本の1人当たりの

ＧＤＰは韓国に抜かれ30位台に陥っています。逆に日本人が時給のいい海外に出稼ぎに行く時代です。１００万人、２００万人単位で医療・福祉従事者が不足する時代です。とても移民政策だけでは解決できないと思います。

健康寿命延伸を支援する専門家が広範な分野で必要な時代

――どうしたら解決できますか。

樋口　健康寿命を延伸するしかないと思っています。そのために、国も力を入れているのが高齢者になっても適度に働ける場を提供することです。もちろん働くことを望まれる方に対してです。働くことは運動にもつながり、体を使えばおなかもすいて食事をおいしく、できれば家族や気の合う仲間とともに、楽しく食べることが健康寿命延伸につながるのがわかっています。医療よりも効果があるかもしれません。

それをするにはコーディネーターが必要です。その役をドラッグストアなどに勤務する医薬品登録販売者が最適だと思います。医療機関や介護施設ともしっかり連携できて、いつでも必要とする施設につなげられる人材が必要だと思います。

――予防やヘルスケア領域を拡大することも重要かと思います。

樋口　日本の医療は世界一アクセスがいいといわれます。しかし、必ずしもそうではないようです。例えば糖尿病患者です。日本では特定健診などで「要治療」の通知を受けても、約4割はそのまま放置しているといわれます。治療を受けている人でも適正に血糖がコントロールされている人は4人に1人であり、このような方々は軽症であれば適切な食事・運動管理で多くが改善できるといわれています。現実は自覚症状がなかったなど、いろいろな理由で暴飲暴食により重症化し、その一部が人工透析などにもつながり、合併症の治療費などを含めると数兆円単位の医療費につながっているということです。軽症のときに医療機関に行かず、そのまま放置して重症化してしまうケースが非常に多いといわれます。ここはやはり医療とヘルスケアの境界域を制度として設ける必要があると思います。

これは糖尿病だけでなく、生活習慣病全般にいえることです。

高血圧には「半分の半分の半分の法則」といわれる法則があります。すなわち高血圧の治療を受けているのは全高血圧患者の半分、そのうち外来で血圧が良好な患者が半分、家庭でも外来でも血圧が良好な人がさらにその半分、全体の8分の1に過ぎないという話です。高血圧も初期のうちに正しい食事や運動などで対処すれば、多くは改善できるといわれています。しかし、そのまま放置して脳梗塞や心筋梗塞などの高額医療につながります。骨粗鬆症、認知症の一部でも同様だと思います。

――医療とヘルスケアの境界域の制度化とはどういうことですか。

樋口　日本は世界一の長寿国です。それを支えているのは医療従事者だと思います。しかしながら健康寿命を延伸させるためには、医療、介護とは別の領域、例えば食事や運動などの日常生活の場がとても重要だと思います。言い換えればヘルスリテラシーの向上と言ってもいいかと思います。この領域は医師をはじめとした医療従事者とともに、国民一人ひとりの参画意識がとても重要になります。私はその間にドラッグストアなどで働く医薬品登録販売者が大きな役割を果たせると思いますし、そういう制度づくりが必要だと思っています。

先ほどもお話ししたように、健康寿命の延伸は食事や運動などの日常生活がとても重要です。軽度な糖尿病や高血圧、またはその予備軍の人は、食べすぎ飲みすぎを止めるだけでも多くが改善、治癒するといわれています。これは医療よりもヘルスリテラシーの向上が必要です。これまで医師、歯科医師、薬剤師、看護師などの医療従事者により、予防やプライマリーケアについて多額の国の予算も投入して研究されてきました。しかし現実的にはどの職種も深刻な人材不足に陥っています。そういう意味でも医薬品登録販売者をセルフケア・セルフメディケーション推進の担い手として、法律・制度に盛り込んでもらいたいと思います。

医薬品登録販売者不要論を打破するためにも政治の力が必要

——法律・制度改革といえば政治の力がますます大事になります。

樋口　現在の難局を乗り切るために政治力はとても重要です。そのために、当協会は２０２1年3月に臨時総会を開いて定款を大きく改正しました。従来の定款は医薬品登録販売者の研修、教育のみを目的としてきましたが、改正した定款では「医薬品登録販売者の地位保全、職域拡大、職能向上の目的を達成するために〝政策提言〟を行う」を第一の目的に掲げました。そして行政府だけでなく、立法府にももの申す団体になるよう、これまで休眠状態だった政治連盟も新たに再スタートさせました。名称も「日本医薬品登録販売者協会政治連盟」から「日本医薬品登録販売者連盟」（通称：日登連）に変更し、新たに新会長として当協会の内藤隆副会長に就任していただきました。現在、医薬品登録販売者を取り巻く環境は、アナログ規制一掃法案でもおわかりのように、制度創設以来の最大の危機に立っているといえます。

——医薬品登録販売者不要論を打破するために何が必要ですか。

樋口　医薬品登録販売者不要論は絶対に打破しなければならないと思っています。この流れを阻止するためには政治力が不可欠です。医薬品登録販売者は２０２１年度、すでに25万人を超えています。25万人の医薬品登録販売者の方々が全員力を合わせて結集すれば、必ず医薬品登録販売者不要論を打破させることができます。当協会に未入会の方は早急に入会してもらい、日登協の組織力を強化する必要があります。そして当協会の目的を達成するためには再スタートした日登連への寄付、さらに今後、医薬品登録販売者を代表する組織内候補や推薦候補を各級選挙で擁立する予定ですが、その際には日登連へのご協力をお願いします。われわれも全力を挙げて取り組みますが、一人でも多くの医薬品登録販売者に政治に関心を持ってもらいたいと思います。

医薬品登録販売者は各都道府県知事が認めた資格です。つまり政治行政とは切っても切れないなかで仕事をしています。今の政治状況ではいつ何時医薬品登録販売者の資格が消滅するかわかりません。日登協は職能団体ですので一人ひとりの医薬品登録販売者の協力が必要です。

――最後に今後、日登協の活動についてお願いします。

樋口　日登連の内藤会長と歩調を合わせて行うべき政治的な課題は次の通りです。

まず医薬品登録販売者の身分法の制定です。医薬品登録販売者の任務、業務の中に第2類、第3類医薬品の販売だけでなく、セルフケア・セルフメディケーションの担い手としての位置付けを明記したいと思います。

次に「登録販売者」という薬機法の名称も、現在、店舗内では「医薬品登録販売者」という名称使用が認められていますが、「医薬品登録販売者」ではなく「登録販売士」、あるいは「医薬品販売士」などに変更できればと思います。

また一定の業務経験を経た医薬品登録販売者は要指導医薬品、第1類医薬品の管理者になることができますが、仮に薬剤師不在時にデジタルを活用して要指導医薬品、第1類医薬品を販売可能とする場合、同医薬品を管理できる医薬品登録販売者の常駐を義務付けていただきたいということです。

さらに第1類医薬品を医薬品登録販売者の管理の下に販売可能にしていただきたいという件です。薬剤師・医薬品登録販売者不在時に、デジタル管理下とはいえ医薬品販売を行ことは、医薬品流通上においても、衛生管理上においても極めて問題であり、業界としては絶対に認められない旨を主張したいと思います。

一方、医療用医薬品の新型コロナウイルスの抗原検査キットが第1類医薬品にスイッチされましたが、埼玉県知事から「ドラッグストアに行っても検査キットが買えなかった」といわれています。これは薬剤師を常時、常駐させておくことは困難であるために起こっていることです。それがオンライン管理で購入できるようにという流れになっています。そうではなくて時限的、特例的でも医薬品登録販売者がいれば販売できるようにしてもらいたいということです。

ネットでは買えるといっても、初めて使う検査キットは直接、専門家から使い方などを、対面できちんと聞いたうえで使いたいものです。それが誤用を防ぐうえでも重要ですし、消費者からの要望としてもあがっているところです。

最後に、医薬品登録販売者の資質向上は継続的に図っていかなければなりません。そのために医薬品登録販売者の学術大会をぜひ開いていけたらと思います。

その他に、5つの研究会グループを立上げ、関係者の協力を得て、研修とは別に新たな視点で情報発信を行っています。5つの研究グループは、①薬事、②未病、③フレイル、④システム、⑤サプリです。さらに6つ目にウェルビーイングも加えました。

研究グループは薬業界以外で活躍されている多彩な才能をお持ちの方に参加していただき、医薬品登録販売者に向けて情報を発信してもらっています。まだシステム上、十分とはいえませんが、徐々に構築していただけるようお願いしています。

――今、医薬品登録販売者制度始まって以来の危機的な状況に陥っているというお話、2022年の年末に岸田首相が会長を務めるデジタル臨調で、約1万条項のアナログ規制一掃法案に予測されていたとはいえ、衝撃的でした。医薬品登録販売者が一人負けにならないよう対応を図っていかなければなりませんが、25万人以上を数える一人ひとりの医薬品登録販売者の結集が本当に必要だと再確認しました。会長、副会長はじめ執行部では全力を挙げて、この問題に取り組みますが、一人ひとりの医薬品登録販売者の方々にあらためて日登協への入会、そして日登連への寄付、政治力を高める必要性を痛感します。医薬品登録販売者の職能団体として、医薬品登録販売者の方々に協力をお願いしたいと思います。

第5章

受診勧奨に登録販売者はどう関わるか

総合診療医／感染症医
岸田 直樹
きしだ なおき　1995年東京工業大学理学部中退、2002年 旭川医科大学卒業。手稲渓仁会病院初期研修・同総合内科・医学教育フェロー修了。一般社団法人Sapporo Medical Academy（SMA）代表理事、北海道科学大学薬学部・東京薬科大学客員教授。日本チェーンドラッグストア協会　顧問。

アメリカでセルフケアが進んでいる理由は意外に単純だ

――岸田先生は、薬剤師や登録販売者に向けてセルフケアで対応できるものはすべきと主張され、それを裏付ける『総合診療医が教える よくある気になるその症状―レッドフラッグサインを見逃すな！―』（以下、『レッドフラッグサインを見逃すな！』）を約10年前に出版されています。そもそも、その出版のきっかけは何だったのでしょうか？

岸田　日本は軽度な風邪など、本来、セルフケアで対応できる疾患でも、いい悪いは別にして、医療機関への受診はフリーアクセスという仕組みになっています。そのため多くの方々が病院、診療所に来ています。その結果、「5分診療」などといわれながらも、医療機関側の医師は必死になって、なかには過労死寸前の状態でも多くの患者さんを受け入れている状況です。しかし、そういうことはもう限界ではないでしょうか。

国も「医師の働き方改革」に精力的に取り組み、その一環としてタスク・シフト／シェアを進めています。これは医師にしか行えなかった業務の一部を看護師や薬剤師などに移行、または分担する仕組みのことです。私は、そういう流れのなかで、セルフケアに関わる領域については薬剤師の方はもちろん、登録販売者の方も十分に対応できる、またはそういう方向に持っていかないと、日本の医療が成り立たなくなるのではないかという思いがあり、『レッドフラッグサインを見逃すな！』を著したということです。

――日本は欧米に比べセルフケアが進んでいないのは、なぜなのでしょうか？

岸田　いろいろ理由があると思いますが、一番大きいのは日本の医療保険制度の問題です。日本の医療保険制度はある意味、理想的な制度だと思います。それはＯＴＣ薬で対応できる軽度な疾患でも、一部、無医村地区などを除いて、いつでも、どこでも医師に受診できる、しかもＯＴＣ薬を購入するよりも安く受けられるといわれています。こういう国は他にないと思います。ただ、この仕組みは日本でも限界で、医師の負担も限界かと思います。そのために今、大きな医療制度改革が進められています。

すでにＯＴＣ薬にスイッチされている医薬品は保険医療から外すなどの議論が行われ、一部、ＯＴＣ薬を購入したほうが保険医療を受けるより安く済むような場合も出始めています。ただ医療費１割負担の後期高齢者の場合は、まだ医療機関のほうが安く済むケースが多いと思います。セルフケアが進まないのは、そういうところにあるのではないでしょうか。

アメリカがなぜセルフケアが普及しているか、その理由は意外に単純です。アメリカは自己破産の一番の原因が医療費になっています。これは保険制度の違いですが、結論から言えば、自己破産しないために、できるだけ医療機関を受診しない、その結果、セルフケアが普及しているということです。例えば虫垂炎（盲腸）の手術でも４００万円近くかかります。逆に言うと、日本の医療費はとても安く提供されている、これはよいことでもありますが、日本の医師は頑張り過ぎているということも言えると思います。

――日本でもセルフケアやセルフメディケーションが国策になっています。本当に医師による医療が必要な場合は報酬を高くし、セルフケアで対応できる報酬は安くという方向です。

岸田　医科報酬が上がっているかどうかは別として、現実的にセルフケアの普及についてはは国民も少しずつ感じ始めていると思います。

そのために医療機関への受診が遠のいています。それは先ほどの後期高齢者負担が1割から2割に拡大したことや、紹介状なしの初診料、再診料の引き上げなども影響していると思います。

また新型コロナによっても医療機関が遠のいています。今は第2類相当の感染症ですから（注：インタビュー2022年10月21日）、新型コロナ感染の疑いがあれば、どこの医療機関でも診られるわけではありません。そのためにますます医療機関が遠のいているのが現状です。国民のセルフケア意識は確実に高まっています。この流れはまだまだ序章でこれから本格化してくると思っています。

登録販売者はトレーニングが必要だ

――ＯＴＣ薬のアセトアミノフェンなどは品不足になっている状況です。

岸田　新型コロナの影響でアセトアミノフェンが売れている、それだけではセルフケア意識が高まっているとはいえません。一時的にでも風邪薬の売り上げが上がるのはいいとしても、今のうちにセルフケアをサポートする質の高い人材育成が必要です。その必要性が、意外に国民や医療従事者の方々に知られていないように思います。

私は、ＯＴＣ薬などを販売しているドラッグストアや薬局の薬剤師、登録販売者が、そのセルフケアをサポートする職種として一番近いところにいると思っています。このセルフケアサポーターと言ってもいいと思いますが、そういうニーズは今後、確実に増加すると思います。仮に薬剤師や登録販売者が対応できないということになれば、ＡＩなどを活用してでも、遠隔でアマゾンなどがやるかもしれません。ただセルフケアサポーターは人と人とのぬくもりがとても大切ですので、ぜひ薬剤師や登録販売者の方々が直接、対面で対応していただきたいと思います。

――セルフケアのサポーターとして登録販売者に期待されるところはありますか。

岸田　もちろん登録販売者に期待したいところです。ただそのためのトレーニングが足りないと思います。

例えば、日本医薬品登録販売者協会が「登録販売者をセルフケアのサポーターにしてください」と主張されても、「それでは登録販売者は他の人とどこが違いますか？　サポーターとして何ができますか？　本当に大丈夫ですか？」といわれたとき、すぐに答えが出せるでしょうか。

「登録販売者は第2類、第3類医薬品が販売できる許可や資格をもっています」だけでは、お客さんや医療従事者はとても納得できないと思います。許可や資格を前提に、「他の人とここが違う」という答えが必要になります。

登録販売者がセルフケア・セルフメディケーション制度の受け皿に

――当協会は国に「医薬品登録販売者をセルフメディケーションの受け皿にしてほしい。条文などに明記してほしい」旨を要望していますが、具体的に「○○ができるから」というところが弱いと思います。その辺のヒントが「臨床推論」にあるということですか。

岸田　「登録販売者が制度的にセルフケアサポーターに」ということであれば、なおさら「何ができるか」を明確に提示する必要があります。臨床推論による的確な受診勧奨は確かにその回答としてとても有効で、医療従事者に対してとても説得力があると思います。「登録販売者が臨床推論を行い、緊急性、重症性のあるレッドフラグサインを見逃さずに、医師に迅速に紹介することができる。引いては命を救うことができる」と明確に主張できて、併せてその実績も示されれば、日本社会になくてはならない職種の一つになると思います。

ただし、一つ注意してもらいたいのは、「経験による勘」に頼らないことです。経験は決して悪いことではありませんが、それだけでは医療の世界では通用しません。医療の世界は、まさに日進月歩です。「臨床推論」は単に経験による勘だけに頼るのではなく、科学的なエビデンスを基にアプローチしています。そういうアプローチが地域の医療や保健連携には不可欠です。それらの業務を通じて、登録販売者業務を体系化もできると思います。

――先生の『レッドフラッグサインを見逃すな！』は、来店客の症状へのアプローチ（臨床推論）を通して、受診勧奨のポイントとなるレッドフラッグサインを提示していただいています。医師以外の者が「臨床推論」を行うのは、医師法上問題になりませんか？

岸田　結論から言えば、登録販売者が行う「臨床推論」は診断ではないということです。そのために法的な問題はありません。

確かに「臨床推論」は、医師が行えばより正確な診断を下すための一つのプロセスとして用いられています。ただ薬剤師や登録販売者が行う「臨床推論」は、診断を伴わない「臨床推論」です。『レッドフラッグサインを見逃すな！』で著している「臨床推論」も、もちろん後者の方です。

「レッドフラッグサイン」も医師の世界で使われている言葉ですが、『レッドフラッグサインを見逃すな！』で著した「レッドフラッグサイン」は、あくまで受診勧奨に必要な基準を、「レッドフラッグサイン」といっています。診断のためではなく、受診勧奨のためのレッドフラグサインです。そのサインを登録販売者が判断するのではなく、『レッドフラッグサインを見逃すな！』で示しているということですので、診断とは結びつきません。

裏を返せばレッドフラグサインがない場合は、現時点ではセルフケアで様子をみてもよさそうですと、科学的に言えます。また臨床推論で重要なことは、その知識により上手に患者さんとコミュニケーションがとれるようになることなのです。

――セルフケアサポーターになるためには地域の医師との連携が重要になると思います。登録販売者が医師と連携するにはどのようなアプローチがありますか。

岸田　地域の医療機関との連携はとても重要です。それについては『レッドフラッグサインを見逃すな！』に次のように書いています。

「本書のレッドフラッグサインは国が認めたような、コンセンサスが得られたものではありません。受診のタイミングは地域の医療体制に大きく影響されますので、可能であれば、受診勧奨の基準はその地域の医療機関や在宅医と話し合って決めるのが良いでしょう」。

『レッドフラッグサインを見逃すな！』を参考に、近くの医療機関の先生と検討するというアプローチがあるでしょう。ただ、ドラッグストアも医療機関も受診勧奨の件で連携などの経験はないので、すぐ地域の医師と検討するのは無理だと思います。

実は２０２２年８月、ＪＡＣＤＳ加盟のドラッグストア店舗で、「受診勧奨ガイドライン」に基づいて、実際に受診勧奨された事例報告がありました。その中にとてもよい事例がいくつかありました。そういう事例を積み重ねていくことで、「地域にあった受診勧奨の新たな基準づくり」という話につなげるという方法もあると思います。

受診勧奨状で医師との連携、コミュニケーションが可能に

――岸田先生に監修していただいた日本チェーンドラッグストア協会「受診勧奨ガイドライン」と、その巻末の「受診勧奨状」はとても参考になると思います。

岸田　受診勧奨はただ単に「○○病院に行って、診てもらったほうがいいよ」と言うだけでは続きませんし、医師との連携になりません。「受診勧奨ガイドライン」の巻末に示した「受診勧奨状」を必ず持参してもらうことが大切です。その「受診勧奨状」の書き方、医師への伝え方も、簡潔で的確である必要があります。そうしないと紹介した医師に読んでもらえません。そのために同ガイドラインでは、医師への「受診勧奨状」の書き方を示した「ワンセンテンスサマリーによる効果的な情報の伝え方」も紹介しています。

この「情報の伝え方」はとても重要です。この伝え方を実践すれば、医師とのコミュ

ニケーションが格段に向上します。

実は「臨床推論」の一番いいところは受診勧奨よりも、医師とのコミュニケーションがとれるようになるということです。「臨床推論」を知ることで、医療者同志で患者さんやお客さんの症状についてより的確に、スムーズに伝えることができるようになります。そういうスキルがないと、現実問題として医師と受診勧奨の件で連携は難しいと思います。受診勧奨は昔からある言葉ですが、いざ、それを実践するとなると、いろいろな問題が起こります。『レッドフラッグサインを見逃すな！』は、そういうことも前提に書かれています。

――これは登録販売者でも可能ですか。

岸田　もちろんです。しかし、適切な学びの場があることが重要です。そして、そこに「受診勧奨状」で事例を積み重ねていけばいいだけです。また「受診勧奨状」だけでなく、受診された後、どうなったかを医師に確認してでも聞いておくことが大切です。初めは戸惑われる医師も多いと思いますが、定期的に「受診勧奨状」が回ってくれば、黙っていても医師の方から結果について報告がくるようになると思います。そうなれば本当の意味での連携になります。

医師と連携できてはじめてセルフケアのサポーターになれる

――登録販売者に普及するためにどうしたらいいでしょうか。

岸田　まずは受診勧奨が重要だということを国にも理解してもらう必要があると思います。いずれは「受診勧奨状」1枚につき、一定の点数などが付くようになるでしょう。そのためには今から実績を積み重ねておく必要があります。今、「受診勧奨状」を書いてもお金にならないからやらないということでは、永遠に登録販売者の職能は向上しないでしょう。「実績をつくっていけば必ずドラッグストアの収益にもつながる」という強いイメージを持つことが必要です。

診療報酬の点数も、何の実績もなければ点数は付けられません。それと同じです。一定の実績が必要だということです。

――最後に登録販売者が、セルフケアサポーターとして適切に受診勧奨するために必要な経験、知識についてお願いします。

岸田　とにかく「勘だけで仕事をしない」ことだと思います。勘だけにたよればAIのほうがいいということになります。

今、セルフケアが医療の世界でも論じられるようになりました。そういうなかで登録販売者がセルフケアのサポーターになるのであれば、「登録販売者の科学的なアプローチに基づいたスキルは何か」が最初に問われます。そのときに「薬の知識」だけではネットに負けてしまいます。これは薬剤師も同じだと思います。単純な知識習得の時代は終わったということです。

そしてもっと大切なのは、人としてのアプローチを忘れないことです。患者さんの症状を、同じ空間を共有しながら聞いてあげるスキル、そして「それはおつらいですね」という一言を親身になって言える人間性、この一言をかけてもらいたいために来店される方は多いと思います。ＯＴＣ薬や検査薬はアマゾンでも買えますが、それでいい人はそちらで買ってもらえればいいのです。ただ私たちは人間ですので、今、症状がつらい時に、その症状を聞いてもらい、共感してもらいたい、そして共感してもらったうえで一緒にこれからどうするかについて、人として対応してもらいたいというニーズは、私はむしろこれから増加すると思っています。

――「臨床推論」を通して、患者さんとともに医師とコミュニケーションがとれるようになれるというのはとても刺激的なお話でした。また単なる知識習得の時代は終わったというのはやや衝撃でした。確かに知識だけでは医療DXの時代に取り残されるだけでなく、OTC薬販売への参入障壁だといわれても仕方がないほど、デジタル化が進んできているように思います。

一方、デジタルの時代であればあるほど人としての対応、ぬくもりある対応が求められるということもよくわかりました。そういうなかでも「経験による勘」だけに頼るのではなく、科学的なエビデンスに基づくアプローチがあって初めて地域で医療関係者と連携できるという点もとても参考になりました。

第6章

フレイル予防に登録販売者はどう関わるか

医療法人 良花会 整形外科とくはらクリニック
院長　徳原 善雄
とくはら よしお　2020年大阪市立大医学部卒。大阪市立大病院、中河内救命救急センター勤務を経て、2013年『整形外科とくはらクリニック』開院。17年、移転、施設拡充。医学博士。日本整形外科学会認定リウマチ医、運動器リハビリテーション医。

フレイル対応 第1条件は「人との会話が好きな人」

――はじめにフレイルの専門医の立場から、ドラッグストアなどに勤務する登録販売者にどのような印象をもたれているかお聞かせください。

徳原 登録販売者には、当院の近くに大手のドラッグストアがありますので、そこでよくお見かけします。一番の印象は「忙しそうだ」ということです。商品管理や品出し、そしてレジ打ち、その合間にOTC薬の説明もされています。ほとんど一人で対応されているイメージです。

――そういうなかで登録販売者のフレイル対応についていかがでしょうか。

徳原 まずフレイルの対象者は高齢者です。若い人と違って、高齢者に一つのことを理解して納得してもらうのは大変です。例えばフレイルやその対策について、どんなに丁寧に説明しても、なかなか理解してもらえないというのはよくあります。

ですからフレイルに対応する適性の一つは「人と話をすることが好きか」ということです。その点、登録販売者は女性が多いと聞いています。女性の方は男性に比べると一般的に話し好きで、話し方も丁寧です。そういう意味では登録販売者はフレイル対応の一番目の適性はあると思います。

ただ問題は時間です。品出しやレジなどの合間に、フレイルについて丁寧にお話しする時間がとれるかということです。

カギは顧客に笑顔で接することができるかどうか

――フレイルに対する知識も必要ですか。

徳原　フレイルに対する基本知識は当然必要ですが、それほど深くなくてもいいのです。知識以上に大事なことは、来店されたお客さんをよく観察できて、「明らかに歩き方が違う」、また「ちょっと肩を触っただけでも筋肉がなくガリガリだ」とか、そういうことに気づいてもらえる資質があるかどうかのほうが重要だと思います。

それ以上の専門的な知識、例えばレントゲンなどを撮らないとわからないようなことは、専門医につなぐことが重要です。

そう考えれば、登録販売者はフレイルを未然に防ぐためのアドバイザー的な存在になり得る適格性は十分にあると思います。


――日本チェーンドラッグストア協会でも、登録販売者を活用して「声かけキャンペーン」運動を行ったりしています。


徳原　そういうことはとても大事なことです。フレイル対策に限りませんが、これからの医療や健康に関わる専門家の資質は「人間が好きか」「人と接するのが好きか」「世話好きか」ということが、とても大事になると思っています。

登録販売者であれば、何げない会話のなかで「おばあちゃん、筋肉が弱っているよ。○○の整形外科にいってみたらどう?」って、気さくに言えるかどうかです。難しく考えると、かえってできなくなってしまうのではないでしょうか。

お年寄りとお話しするのが苦手、自分は与えられた仕事が終わったらすぐに帰りたい、という人はフレイルに限らず向きません。とにかく医師もそうですが、苦虫を噛み潰したような顔で接客してはいけないと思います。医療もサービス業の一つだと思っていますから、特に開業医は笑顔が大切です。そういうのは男性より女性のほうが向いていると思います。

フレイルは早期の正しい治療で、多くが寝たきりを回避できる

――徳原先生はフレイルの専門医ですが、日本整形外科学会や国がつくったロコモ、フレイルチェックの問診票などを、ドラッグストアの登録販売者が活用して受診勧奨をすることをどう思われますか。

徳原　それは社会的にも非常に有意義なことだと思います。本来は、そういう有意義な業務に対して国が診療報酬上、評価してくれる、または別の形で補助してくれればドラッグストアの経営者にとっても、とてもやりやすくなると思います。

フレイルは早期に医学的に正しい治療を行えば、多くは寝たきりにならずに済みま

す。寝たきりになるかならないかで、医療費も格段に変わってきます。何より患者さんのQOL（生活の質）も全く変わってきます。その分、例えばフレイルの受診勧奨加算などとして、ちょっとだけでもいいから加算すれば、全体の医療費を引き下げることができると思います。

先ほど、登録販売者の「声かけキャンペーン」の話がありましたが、まさにそういうことが重要です。そのような時、フレイルチェックの問診票はとても役立ちます。フレイルの問診票には日本整形外科学会が作成したもの、国が作ったフレイル検診で後期高齢者用に作成したものなどいろいろあると思います。それらを参考にするのもいいでしょう。

それを活用して、例えば高齢者の方に、「おばあちゃん、膝が少しグラグラしているけど、この問診表見てもらえます？」と声かけすればいいですね。お年寄りは基本的に時間がありますから、優しくお声かけすれば、ほとんどの高齢者から喜ばれます。またおばあちゃんは地域で強いネットワークも持っていますから、新たなお客さんを増やすことにもつながると思います。何よりもそれがきっかけで、フレイル状態から寝たきりにならずに済めば、とても感謝されるでしょう。
ドラッグストアには元気な高齢者が来店します。そういう時からフレイル対策をするのがとても大切です。フレイル状態であれば医学的に治療法が構築されています。寝たきり状態になってからでは、本当は遅いということもあるわけです。

――高齢者にお声かけをして喜ばれ、その高齢者のネットワークで一人でも多くのお客さんに来店してもらい、ロコモ度判定を行う。健康寿命延伸にも貢献できる、そういう循環はいいですね。登録販売者と連携できますか。

徳原　初めのうちは1日2～3人のお客さんに、例えば日本整形外科学会のロコモ度判定を行い、ロコモ度のポイントが高い人には受診勧奨することができれば、連携が可能だと思います。最初から5人、6人とやると続かないと思います。

医師との連携の秘訣「まず理解ある一人の医師を確保すること」

――ドラッグストアや登録販売者と連携することに慎重な医師も多いと思いますが。

徳原　そういう医師は多くはないと思いますが、確かにいるかもしれません。ただ私のクリニックの前に大手ドラッグストアがありますが、そこでフレイルの問診票を使って、ロコモ度のポイントが高い人を紹介してくれたら、私はとてもうれしいと思います。

その問診票が連携のツールになるかもしれません。連携ができれば、当院でまたあらためて問診する必要がなく、問診票の結果を参考にリハビリの話に進めるかもしれません。

――地域の医療機関と連携するためのコツはありますか。

徳原　あまり難しく考える必要はないのです。地域の医療機関に1回だけ顔を出して、「今度、フレイルの疑いのある患者さんが来たら、こちらの医療機関を紹介させていただいていいですか?」と一言声をかけておけばいいと思います。それで医療機関側から「わかりました。お願いします」という返事をもらえれば、間違いなく患者さんを大事に扱ってもらえると思います。

その際に金銭的なこと、お歳暮などの気遣いは不要です。かえってやりにくくなることがあります。お店にとっても大事なお客さんであることはよくわかりますが、そこは医療機関に任せていただいていいと思います。まず一歩を踏み出すことが大切ではないでしょうか。

――薬局の場合は、「健康サポート薬局」という制度があります。その薬局は法令上、受診勧奨を行うことになっています。これは保険調剤の要件には直接関わっていませんが、その場合、事前に医療機関に受診勧奨の了解をとっておくこと、そのリストを用意しておくこと、かつ地域の職能団体、つまり地域の医師会の了解をとって、医療

機関側の負担も考慮することが必要になります。

徳原　フレイルの場合は、そういう手続きよりも、まずは信頼関係を築ける専門医を地域に一人つくっておく、そこから少しずつ広げていくことが、コツと言えば一つのコツかもしれません。地域の医療機関全部まわって了解を得た、得ないなどのリストを作る労力は大変だと思います。フレイル対策であれば地域の整形外科医をまず抑えておくことです。そんなに軒数は多くないと思いますので、その気になればすぐにできるのではないでしょうか。

本来は信頼関係があれば紹介状もいらないと思います。紹介状なしで、ドラッグストア側の名刺をお客さんに1枚お渡しして、「○○先生のところに行ってくださいね」の一言でいいと思います。医療機関でも紹介されたドラッグストア名がわかれば、いい加減な扱いをするわけがありません。ただ「紹介させてもらいます」という一言、それは礼儀でもありますが、継続的にやっていく場合はそういうことが必要だと思います。

――薬剤師は調剤で忙しいということになると、ロコモの受診勧奨は登録販売者のほうがやりやすいと思います。

徳原　ドラッグストアの経営者もいろいろだと思います。地域住民の方々に本当に喜んでもらいたいと思われる経営者もいますし、純粋に利益だけを追求される経営者もいるでしょう。私もクリニックを経営していますので、どちらの意見もわかります。経営者から見ると利益が出ないと、いくら重要な業務でもやりにくいものです。

ところでドラッグストア形態で、調剤もやっている店舗は何割くらいですか。

受診勧奨は経営的にもプラスになるはず

――ドラッグストアの薬局併設率は年々増加して、現在3割強になっています。

徳原　薬局を併設されているドラッグストアであれば、売り場の方で登録販売者が受診勧奨を行い、処方箋を持ってきてもらえれば薬局の収入になるというメリットがあると思います。それ以上に高齢者との信頼関係をつくれば、地域の人との信頼関係を広げることにもつながると思いますので大事にされたらいいと思います。

——整形外科医からみて、ＯＴＣ薬についてはいかがでしょうか。

徳原　医師は薬のことは知らないと思ったほうがいいです。ですからＯＴＣ薬については薬剤師、登録販売者が本来、もっと自信をもって販売されたらいいと思います。特に最近は医療用からＯＴＣ薬にスイッチした薬が増えています。そういう薬はどんどん薬剤師、登録販売者の方が使わないと、保険医療制度が継続しなくなります。いわんや漢方薬となると、もちろん漢方薬に詳しい医師もいますが、薬剤師、登録販売者のほうが詳しいので、いろいろ相談しながら販売されたらいいと思います。

今は医療環境が大きく変わってきています。以前は何でも医師がやるという考えでも成り立っていましたが、そういう時代ではないと思います。

互いに信頼関係を持ちながら薬剤師、登録販売者の方々と分担、連携していくことが大切なのです。

――最後に登録販売者への期待についてお願いします。

徳原　今後、日本の社会はますます高齢化していきます。特に75歳以上の後期高齢者は急増し、何らかの病気を抱える人が多くなります。その一方で、現役の若い人は減少します。

登録販売者は、地域住民の方々がちょっと体調が悪いときのファーストアクセスになりえます。そういう方がフレイルについて勉強して、元気な時からフレイルになる心配がありそうな高齢者を専門医に紹介するという仕組みができたらとてもいいことだと思います。医療費の抑制はもちろん、何より元気な高齢者を増やすことができます。

フレイルの勉強を通してＯＴＣ薬の売り上げを上げることも可能だと思います。とにかく得意分野をもつことは街の健康相談の入り口としてとても役に立ちますし、健康相談のすそ野を広げることもできます。そういう意味では登録販売者はとてもやりがいもあり、可能性の高い職業だと思います。

――登録販売者がフレイルの勉強をして、医療機関を紹介できるようにお声かけをする。またOTC薬で対応できるものは、適正に利用してもらうよう働きかける重要性を再認識しました。特に印象的だったのは、「高齢者の方に丁寧にお声をかけて、嫌がる人はいない」ということです。ちょっとフレイル気味だなと思ったら、何げなく声をかけて、会話の足掛かりをつける重要性もあらためて認識しました。

これから病気になりやすい後期高齢者が急増するなかで、登録販売者の一声運動で、高齢者の寝たきりを防ぐ、健康寿命延伸に貢献できる、かつドラッグストアの売り上げアップにもつながる方法がわかりました。

第7章

セルフケア・セルフメディケーション推進策に登録販売者をどう組み込むか

厚生労働省 医政局医薬産業振興・医療情報企画課長
セルフケア・セルフメディケーション推進室長
安藤 公一
あんどう こういち

1996年慶應義塾大学法学部卒業。

同年旧厚生省入省。千葉県出向（障害福祉課長）、社会保険庁、厚生労働省年金局、社会・援護局、保険局、日本年金機構（本部経営企画部調査室長）、内閣官房、医政局経済課長等を経て、2022年6月から医政局医薬産業振興・医療情報企画課長（組織改編に伴う名称変更）。

２０４０年が一つの政策ターゲットイヤー

――はじめにセルフケア・セルフメディケーションを推進する必要性、重要性などについてお願いします。

安藤　日本の人口構造の推移を見ますと、２０２５年以降は「高齢者の急増」から「現役世代の急減」に大きく局面が変化します。これまで、いわゆる団塊世代がすべて75歳以上となる２０２５年を一つの政策的なターゲットとして設定し、２０１２年の「社会保障と税の一体改革」をはじめとしてさまざまな政策を行ってきましたが、２０２５年も目前に迫るなか、少しレンジを広げて、２０４０年まで俯瞰してみると、人口構造だけ見ても、これまでと大きく局面が異なるということです。

こうした局面の変化を踏まえて、２０４０年を一つの政策のターゲットとして捉え直し、私たちはさまざまな政策の検討を進めているところですが、この一連の大きな流れのなかで、セルフケア・セルフメディケーションの必要性、重要性があらためてクローズアップされていると私は考えています。

――2040年というのが一つのターゲットイヤーということですが、どういったことが政策ターゲットになりますか。

安藤　2025年から2040年にかけて何が起こるかということです。社会保障の制度改革と人口構造の変化は、いわば表裏一体の関係にあると思っています。それを前提に考えてみますと、2025年までは後期高齢者人口が急増するステージでした。それに対して2025年から2040年にかけては、後期高齢者人口はわずかに増加しますが、一番の問題は15歳から64歳までの生産年齢人口が加速度的に減少することが見込まれているということです。就業者数は2025年の6350万人程度から、2040年は5650万人程度に減少します。わずか15年間に700万人の就業者数が減少します。そのうち医療・福祉に必要な人材は2025年の930万人程度から、2040年には1060万人程度に拡大します。就業者数に占める医療・介護に必要な比率は約2割、なんと5人に1人が医療・福祉に従事しなければならないという、およそあり得ない状況が想定されているわけです。

また、就業者数が急減するなかで、高齢者は増加を続けるということは、必要な社会保障費を賄うための現役世代の負担が今後さらに拡大することを意味します。2025年度の社会保障給付費は、一定の医療制度改革等を勘案した計画ベースの見通しで140・2〜140・6兆円です。それに対し2040年度は同じく計画ベースで188・2〜190兆円、約35％の増加となっており、こうしたなかで、2040年に向けて就業者数は急減していくので、就業者一人当たりの負担もさらに拡大していくことが危惧されています。

したがって、われわれ厚生労働省の大きな政策ターゲットは、就業者数の減少をできる限り抑制するために、「働きたい」という意思のある方に、「働いてもらえる環境」をいかに整備していくかということと、それに加えて、労働力の制約が高まるなかで、医療・介護サービスをどう確保していくか、そのためにも、ICTの活用による医療・介護サービスの生産性の向上を図ることや、それぞれの専門職種の役割の重点化を進めることが重要となると考えています。

高齢者も含めて多様な就労・社会参加の促進を図ること

──そのような2040年という全く新しい局面に対応した政策課題として、セルフケア・セルフメディケーションの推進というのが出てきたことになりますか。

安藤　2040年を見据えた新たな局面に対応した政策課題はたくさんあると思いますが、私どもの「セルフケア・セルフメディケーション推進室」として考えなければならないことは、大きく二つあると思っています。

一つは先ほどから述べている通り、現役世代が急減するなかで、社会活力をどう維持していくかということです。そのために、高齢者をはじめとして多様な就労・社会参加の促進を図っていくことが重要だと思います。高齢となっても、「働きたい」、「社会活動に従事したい」と考えられる方は大勢いると思います。そういう方々が、積極的に仕事や社会参加できる環境を整備していくことが一つのポイントだと思っています。また、一定の役割や生きがいを持って、自ら進んで活動することは、ご自身の健康の維持・増進という観点からも良い効果があると指摘されています。

そのためにはまずはご自身が健康であることが大前提です。いくら働きたくても、健康でなければ働く意欲もなくなってしまいます。健康で活動できる期間をできる限り長くすること、健康寿命を延伸することがとても大切であると考えています。

健康寿命を延伸させるためには、個人のヘルスリテラシーの向上に向けた予防や健康づくりが重要になります。ただ多くの人は自分が健康のときには、健康を意識しないものです。本来、予防・健康づくりは、健康なときから取り組む習慣づくりがとても大切ですが、健康であるが故に健康を疎かにしがちです。

そういう意味から健康無関心層の方々に、どうやって「健康づくりに関心をもってもらうか」というアプローチも一つの重要な切り口になると思います。まさにセルフケア・セルフメディケーションの取り組みの推進です。

二つ目は労働力の制約が高まるなかで、高齢化は進行し、医療・介護のニーズは増大する、そこで、医療・介護サービスをどう確保していくかということです。ここは、私の個人的な意見も含めて、ICT、ロボット、医療DXなどを活用して、医療・介護の生産性を向上させていくことはもちろん、これに併せて２０４０年に向けて医療・介護の専門職の役割を重点化させる必要があると考えています。

そういうなかで患者さんを含めて国民の皆さん自身がセルフケアを行うことが大切になります。ただし、セルフケアだから「国民がセルフで勝手にネット情報などを見ながらケアしてください」というわけにはいきません。そこは薬局・ドラッグストアの薬剤師や、登録販売者の方々、こうした専門職がセルフケアを正しくサポートし、地域住民のよき相談者になってもらうことがとても重要になると思っています。

そういう意味で言えば、現在、薬局は約６万軒、ドラッグストアは約２万軒、薬局数の中には一部、ドラッグストアも入っていますが、それだけの薬局、ドラッグストアが地域には存在しています。それぞれの薬局やドラッグストアが地域住民の良き相談者としての機能を発揮してもらえれば、それは地域社会になくてはならない重要な資源になるのではないでしょうか。

セルフケア・セルフメディケーションの推進に登録販売者は重要

――調剤のみ、OTC薬のみ販売しているだけでは、薬局やドラッグストアの数も、薬剤師や登録販売者の数も多すぎるといわれる時代になるということですね。

安藤　薬局はコンビニよりも多いとの指摘はよく聞かれるところです。このことが、数が多すぎるとなるのか、それとも地域にとって重要な社会資源となるのかは、それぞれの薬局がどのような機能を果たしていくことができるのかにかかっていると私は思います。

私自身は、先ほども申し上げたとおり、薬局、ドラッグストアの薬剤師や登録販売者の方々には、患者さんにとって一番近くにいる専門職種として、患者さんのセルフケアをサポートする、あるいは地域住民の予防・健康づくりを担う貴重な社会資源となっていっていただきたいと思っています。そのためにも地域のかかりつけ医との密接な連携体制を構築していくことがとても重要になると思います。

――「セルフケア・セルフメディケーション推進室」は厚生労働省の各部局が連携し、一体的、継続的に推進する司令塔機能として位置付けられています。これまでセルフケア・セルフメディケーション推進に関わる国の報告書等には、「薬局・薬剤師、かかりつけ薬局、健康サポート薬局」が中心に記載されていますが、今後は登録販売者も国の文書等に明記していただくことは可能でしょうか。

安藤　登録販売者もセルフケア・セルフメディケーション推進の受け皿として、重要なステークホルダーだと思っていますので、取り組みを進めるなかで、当然に含めていくことを考えています。

その際、薬局薬剤師との役割分担をどうするのか。一律に決まることではないと思いますが、薬局やドラッグストアが地域のなかで果たすべき役割・機能をまずしっかりと見定めたうえで、それぞれの店舗のなかで、医療用医薬品の販売といった他の業務との関係も踏まえて、よく考えていっていただきたいと思います。

――最後に登録販売者に対する期待についていかがでしょうか。

安藤　ＯＴＣ薬の販売に一番詳しいのは登録販売者だと思っており、セルフケア・セルフメディケーションを進めるなかで、一つの中心的な役割を担っていただきたいと思います。そのためにも、まずは登録販売者の方々、また登録販売者を抱える薬局・ドラッグストアの経営者の方々の意識を変えることがとても重要だと思います。

地域のかかりつけ医との連携が重要

――登録販売者がセルフケア・セルフメディケーションの受け皿になるというのは、それだけの責任も出てくるということだと思います。

安藤　セルフケア・セルフメディケーションを推進していくにあたっては、先ほども申し上げたとおり、まずはこれを推進する薬局やドラッグストアの方々の意識を変えていくことが重要ですが、加えて、地域のかかりつけ医との密接な連携体制の構築も重要です。

そのためにも、日頃から、地域のなかで行われる地域ケア会議などの場に積極的に参加し、地域の医療関係者とのコミュニケーションをとることが大切であると思いますし、そのなかで、登録販売者はどういう専門家なのかをよく理解してもらうことが必要だと思います。セルフケア・セルフメディケーションは、こうした医療関係者との信頼関係の下で、それぞれが役割を果たしていくということが推進のために重要だと考えています。

――当協会に対してはいかがでしょうか。

安藤　登録販売者がセルフケア・セルフメディケーション推進の受け皿になるというモチベーションを上げる活動や、そういうスローガンを掲げられるような働きかけはあってもいいのではないかと思います。

そういう意味では、日本チェーンドラッグストア協会が登録販売者向けに「受診勧奨ガイドライン」を作られましたが、ここにもありますように、必要な方に受診勧奨を進めるための取り組みも重要だと思います。そのためにも、受診勧奨ガイドラインを監修された岸田先生の言葉を借りれば、受診勧奨の基準となる「レッドフラッグサイン」をちゃんと発見できるかどうかが肝であり、地域のかかりつけ医との密接な連携体制の下で、適切に受診勧奨を進めるための研修等の取り組みもぜひ進めていただきたいと思います。

――登録販売者はセルフケア・セルフメディケーション推進の受け皿として、重要なステークホルダーであり、今後の取り組みのなかで当然、入れることになるとのこと、その期待を裏切らないよう、登録販売者の役割として予防や健康づくり、健康無関心層へのアプローチを続けていきたいと思います。またそのためにも受診勧奨が重要であること、さらにそれを定着させるためには、地域のかかりつけ医と密接な連携体制を構築していかなければならないことなど、いろいろな課題が明確になりました。とにかく登録販売者は第2類、第3類医薬品を販売できるというだけでなく、セルフケア・セルフメディケーションのサポーターになれるよう取り組みます。

第8章

登録販売者不要論を突破するために何が必要か

厚生労働省 医薬・生活衛生局総務課
薬事企画官　太田 美紀

おおた みき　1997年東京大学薬学部卒業、1999年同大学大学院修士課程修了、2000年厚生省入省。入省後、環境省、医薬品医療機器総合機構（PMDA）、人事院等への出向を経て、医薬・生活衛生局医薬安全対策課にて医薬品、医療機器の安全対策を担当。2019年より薬局・販売制度企画室長、薬局・薬剤師関連の施策に従事。2021年9月より現職。

アナログ規制一掃法案に関する内容も検討

――２０２２年６月の「規制改革実施計画」に盛り込まれたＯＴＣ医薬品販売に関わる規制緩和の動きについてお願いします。

太田　デジタル技術を利用した一般用医薬品の管理などの制度設計の是非については、「令和４年度中に検討を開始する」とありますので、それに基づいて実施しています。具体的には、２月末から厚生労働省において、「医薬品の販売制度に関する検討会」を開催しておりまして、そこで検討することになります。

検討にあたっては、２０２１年から厚生労働科学特別研究事業として、東京薬科大学の益山班にお願いしています「一般用医薬品の販売における薬剤師等による管理及び情報提供の適切な方法・実施体制の構築のための研究」の結果等も参考にさせていただく予定です。

――「制度設計の是非について」とは、具体的にどのような検討になると予想されますか。

太田　実際に店舗に医薬品が納品されてからお客さんに販売されるまでの間に、薬剤師や登録販売者がどのような管理を行っているか、またその管理のためにどのような知識や経験が必要か――、等々について整理する必要があると思います。その結果を踏まえて、それらがデジタル技術を活用してどこまで可能か、または遠隔からの管理が可能か、という検討になるかと思います。

さらに間接的な影響として店舗に有資格者が不在で医薬品を販売した場合、どういう問題が起こると想定されるかなどについても検討しなければならないと思います。

――検討のスケジュールはどうですか。

太田　検討会にて議論を行い、その結果を踏まえ、夏頃を目処にとりまとめを行う予定です。そこで合意の至ったものについては、医薬品医療機器制度部会にあげることも想定しています。

――「規制緩和実施計画」と別に、2022年12月21日の第6回デジタル臨時行政調査会で、アナログ規制一掃の工程表が示されました。そのなかで登録販売者の資質向上研修をはじめ、薬局や店舗販売業の薬剤師や登録販売者の常駐について、令和6（2024）年6月に見直しという工程表が示されました。それに該当する項目ということになりますか。

太田　両者は別に示されてはいるものの、ほぼ同じ課題を含んでいると考えられますので、今回の検討は、そのようなことも含めた検討になると思います。

登録販売者業務は「受け身」、もっとPRが必要

――第2類・第3類医薬品は登録販売者が実際に店舗に常駐して販売していますが、現状の登録販売者の問題は何でしょうか。

太田　一番の問題は登録販売者の業務が「受け身」になっていることだと思います。自ら発信するというより、購入者から質問があった時に対応する登録販売者のほうが

多いのではないでしょうか。

私自身も一人の消費者としてドラッグストアで何度かＯＴＣ薬を購入したことがあります。その際にも、こちらから聞かないと、何事もなくレジを通ってしまいます。さらに多くの消費者の方々も「ドラッグストアで医薬品や健康に関わることを相談できる」とは思われていないのではないでしょうか。多くはテレビ広告や、売り場で目立った陳列をしているＯＴＣ薬を購入されているのが現状だと思います。

そのために国の規制改革推進会議などで、「登録販売者って何しているの？」、「そもそも登録販売者って必要なの？」という話が出てきているのではないかと思います。今回、規制改革推進会議において日本フランチャイズチェーン協会さんから出されている要望も、その延長上線にあるものと考えています。医薬品を販売するにあたっては、専門家による情報提供が非常に重要であるのに、それがほとんど実施されていない。よって実地に専門家がいる必要性が感じられないからこそ「遠隔で管理可能」と安易に思われてしまうのではないでしょうか。

ＯＴＣ薬も、医薬品ですから一定のリスクがあります。そのリスクを回避するために、登録販売者制度ができたということを忘れてはならないと思います。

医薬品の情報提供だけでなく健康の維持・増進に関わってもらいたい

——常駐していれば第2類・第3類医薬品を販売できるというだけでは、登録販売者の存在感を出すのは難しいです。受け身になる理由は何だと思いますか。

太田　「法律が努力義務だから受け身にならざるを得ない」という意見がありますが、努力義務だから情報提供をしなくてもいいということではありません。

ここでいう努力義務とは、単に使用者から要望があった時のみに対応するのではなく、あくまでも登録販売者が自主的に考え、判断して情報提供を行っていただきたいということだと認識してもらえればと思います。場合によって医薬品の情報提供だけでなく、栄養や運動、睡眠など健康の維持・増進についてお客さんの良き相談相手になることも必要だと思います。そういう活動を通して、「登録販売者がここにいる」という存在感を出してほしいと思います。

――お客さんから聞かれないと対応できないのでは「受け身」というより専門家としての資質が問われるでしょう。もっと存在感を出していく必要があります。

太田　登録販売者が「受け身」になる、もう一つの原因があります。それは登録販売者の多くが勤務者だということです。つまり登録販売者自身の責任ではなく、開設者や店長が「お客さんと雑談している時間があるならレジに回ってくれ」的な指示が出されるところは、登録販売者がいかに孤軍奮闘しても十分な相談対応は難しいと思います。お客さんとの相談対応と雑談は紙一重で、区別がつけられません。登録販売者が地域の身近な相談相手になるためには雑談も欠かせないと思います。逆に雑談があって、初めて相手に伝わることがあると思います。

――登録販売者はお客さんの話を聞く能力が必要かもしれません。

太田　それは難しいことではありません。単に医薬品を購入されるお客さんに「どうされましたか？」「この薬は、ここを注意しなければいけませんので気をつけてくださいね」、そういったことを、お客さんから聞かれる前に、自発的に伝えることです。

そこからコミュニケーションができてきます。すると消費者の方も「あの登録販売者は信頼できる」「何かあったら相談したい」ということになると思います。そのためにも画一的な、情報提供のための情報提供にならないことです。個々のお客さんに合わせて、お声かけをする研修なども必要になると思います。

商品を販売するため、お店の利益ではなく、お客さんの利益につながる対応をしていれば、必ず国民から信頼され、店舗の成長にもつながると思います。国民から信頼されていれば、「登録販売者はいらない」などの論議にはならないと思います。

薬剤師と登録販売者はいずれ連携が必要になると思う

――今、国がセルフケア・セルフメディケーションを推進する方針を出されています。しかし、その受け皿は薬局・薬剤師が中心で、登録販売者の名前を見かけません。

太田　薬局・薬剤師に限定しているわけではありません。政府としてもセルフケア・セルフメディケーションを推進する方向です。そうなれば、一般の人が今以上にOT

C薬を使用されるということが想定されます。ただし、OTC薬は消費者の選択により使用されるものなので、適切に選択され、正しく使用していただくことが大前提であり、そこに専門家が力を発揮していただく必要があります。

多くの消費者はドラッグストアでOTC薬を購入されています。セルフケア・セルフメディケーションを推進するうえで、ドラッグストアの登録販売者は欠かせない専門家になると思っています。消費者の方が風邪とか、胃の調子が悪いときに、最初に接する専門家が登録販売者ということになります。それは登録販売者にとって最大の強みだと思います。

当然のことではありますが、薬剤師や医師につなぐという役割も重要になると思います。そうなれば、登録販売者と薬剤師との連携が必要になってくると思います。

一方、薬局薬剤師にとっても、登録販売者との連携が必要になる場面はあると思います。OTC薬を取り扱っていない、もしくは品揃えが少ない薬局に、OTC薬が必要な患者が来局した際に、近隣の店舗販売業を案内するということもあると思います。両者が店舗内で連携をとっているというケースはもちろん、これからは、近隣の薬局と店舗販売業者が連携して、地域住民への医薬品アクセスと適正使用の両者を担保していく、という考え方もありかと思います。

薬剤師と登録販売者は立場が違うとは思いますが、連携していくことは必要になってくると思います。そういう意味でも登録販売者にはもっと意識高く情報提供に関わっていただきたいと思います。

濫用薬のチェックは100%実施で当たり前

――国もデジタル化に向けて本腰を入れ始めているように思います。「店舗に登録販売者がいればOTC薬が売れる」というだけでは、いつ規制緩和の対象になるかわかりません。

太田　そういうことは十分に考えられます。登録販売者制度に基づく受験体制や研修体制はしっかり実施していただいています。それを現場で十分に生かして、一人ひとりの登録販売者が地域住民の方々に役立てる活動をしてもらいたいと思います。

例えば、厚生労働省で毎年、濫用等のおそれのある医薬品についての販売状況等に関する実態調査を行っています。その結果、適切に濫用薬を販売しているのは7～8割程度で伸び悩んでいます。本来は100％実施して当たり前のことです。こういうところが不徹底だと、「登録販売者が適切に役割を果たせているのか」という話になるわけです。最低限、医薬品販売に関するルールは徹底してもらいたいと思います。濫用薬はその多くが第2類医薬品ですので、「登録販売者が徹底させる」という意識で頑張ってもらいたいと思います。そういう行動が専門家としての砦だと思います。その砦を守っていただきたいと思います。

――コミュニケーション力が大切ですね。

太田　はい、確かにコミュニケーション力が必要です。濫用等のおそれのある成分だけでなく、地域住民の方がOTC薬を購入されるために来店されたとき、一定の専門知識がないと「どうしましたか？」とお声かけできません。「相談があれば答えられます」というオーラが必要だということです。

それは研修などを通して裏打ちされた知識が背景にあってのコミュニケーション力です。それが薬剤師であり、登録販売者という専門家だということです。登録販売者は医療職とはいえませんが、ＯＴＣ薬を扱う専門職だという誇りをもって地域住民に接していただきたいと思います。

処方薬とＯＴＣ薬の一元的・継続的管理は登録販売者の関与も期待する

――電子処方箋が一般化すれば、処方薬については一元的、継続的把握・管理が可能になると思います。ＯＴＣ薬についてはどうですか。

太田　ＯＴＣ薬は現在のところ、マイナンバーカードで一元的、継続的把握・管理はできません。仮に将来的にできるようになるとしてもまだ時間はかかると思います。

ＯＴＣ薬は、購入者自身が何を服薬しているかの情報を管理して、医師や薬剤師等の医療者に伝える必要があるわけですが、現在では、箱に表示されているバーコードをスマートフォンで読み込めば、自動的に購入されたＯＴＣ薬の情報が登録される電子版お薬手帳サービスも出てきています。医薬品の一元管理という点では当然ＯＴＣ薬も含まれますので、こうしたサービスを積極的に活用していただきたいです。

セルフメディケーションは個人が自分で薬を管理することです。医療者は国民の皆さんがどのようなＯＴＣ薬を服用しているかはわかりません。したがって、個人が医療者に報告するという仕組みづくりが必要です。

登録販売者は個人がＯＴＣ薬を入手する際に立ち会っているわけですから、購入した医薬品の電子版お薬手帳サービスへの登録を促す等、こうした仕組みの構築にも積極的に関わっていただくことを期待しています。

――これからの登録販売者の優劣は正しい情報伝達により、いかに多くの地域住民に適正な医薬品の使用法、健康づくりなどについて支援できるかどうかだと思います。正しい情報はネットで検索できますが、その情報を正しく地域住民の方が活用するために登録販売者のコミュニケーション力が必要だと思います。

太田　今まではモノの管理、これも重要ですが、そういう分野に専門家の知識が求められてきました。

今やモノの管理は機械でできる、例えば温度管理、モノの出し入れもバーコード等で管理が可能になっています。なおかつ履歴も詳細に残せます。むしろ人より機械のほうが正確じゃないかといわれているくらいです。

ただ、お客様とのやり取りは機械ではできません。特に相談に来られた時にどうするか、それぞれの人に合わせた個別対応は専門家が必要だと思っています。そこに登録販売者の力を発揮してもらいたいと思います。

登録販売者が不要にならないように私たちも取り組んでいる

――モノの管理は制度化しやすいと思います。ただ人の管理は、相手があるために管理しにくく、またマネジメントもしにくい分野だと思います。また添付文書を超えるような情報を提供していいのかという問題もあると思いますが…。
太田　相談対応は第2類も第3類医薬品も義務になっているわけです。確かに必要最低限の相談対応は電話やネットでできますが、直接、顔を見て会話をする、そういうメリットをどう出すか、それは専門家の資質によるものだと思います。「医薬品はリスクがあり、それが故に、適切に使用していただく、そのための情報提供が必要」といった基本的な認識を登録販売者が持ったうえで、一人ひとりのお客様に接する必要があるかと思います。医薬品が食品や他の日用生活品と同じ扱い方をされるのであれば、登録販売者は必要ないということになります。

そうならないように私たちも取り組んでいるわけです。一人ひとりの登録販売者の方々も自らの役割を認識し、しっかりと取り組んでもらいたいと思いますし、それを信じています。

もちろん「医療の判断をしてください」と言っているわけではありません。判断が難しい場合は薬剤師や医師につないでもらえればいいわけです。とにかく消費者の方々がOTC薬を購入するときの最初のアクセスポイントとして登録販売者の役割は重要だということです。その強みを生かし切っていただきたいと思います。

——登録販売者が「受け身」であるというのは率直に認めざるを得ないと思います。そのうえで、登録販売者が地域住民の健康維持・増進、健康寿命延伸に向けてどう取り組んでいくかを真剣に考えていくべきです。とにかくOTC薬を購入する時のアクセスポイントとして、登録販売者は非常に重要な役割を果たすということを肝に銘じて取り組んできたいと思います。

また太田企画官がいわれた「それは難しいことではない。〝どうされましたか？〟の一言をかければいい」という話も印象的でした。この一言が受け身から脱却できるスタートかもしれません。国の「アナログ規制一掃」のなかで、要指導医薬品、第1類・第2類・第3類医薬品の常駐規定の見直しが提言されています。地域住民の健康づくりに役立つ活動を進めてきたいと思います。

第9章

登録販売者への漢方教育の狙いは何か

上海中医薬大学附属日本校
理事長(教授)　大城 日出男

おおしろ ひでお　関西大学工学部で学んだ後、東洋医学の途を志し鍼灸の大学(現関西医療大学)に入学。卒業後、「漢方処方」を学ぶため、中国の上海中医薬大学で「中医学」を学ぶ。1990年6月より上海中医薬大学附属日本校にて「中医学」の教育を開始し現在に至る。登録販売者。

中医薬との出合い

――はじめに中医薬の世界に入られたきっかけはなんですか？

大城　きっかけは大きく2つあります。

1つは母の病気です。母は、私が高校から大学の頃、重度の悪性関節リウマチ、いわゆる難病を患っていました。

母には当時のリウマチ治療の最先端の医療を受けてもらっていました。その頃の私は大学で工学部を専攻していました。当時、工学の世界は技術革新が日進月歩で、「最先端の工学が最も優れている」というのが常識でした。当然のことながら医学の世界でも、最先端といわれる現代医学が「最も優れた医学であり医療である」と思い込んでいました。

しかし、母のリウマチは最先端の治療を受ければ受けるほど改善するどころか、むしろ悪化していったのです。それが現代医学や医療に対する最初の大きな疑問でした。

もう1つは、ちょうどその頃、私は長い時間は座っていられないほどの左脇腹の痛みに長年、苦しんでいました。とにかく長い時間座位ができない、横になっているしかないという状況でした。その時も現代医学で治療しましたが一向に良くなりませんでした。そのため別の病院に行くと大腸の下行結腸が痙攣し、その反射痛が脇腹にきて痛みを起こしている、下行結腸の痙攣の原因は虫垂炎だと言われました。

当時、医師にそういわれたら反論などできるわけがなく、虫垂炎の手術を受けることにしました。ところが、虫垂炎手術は通常1週間ほどで退院できますが、私は3週間もかかりました。原因は縫合部の化膿のためでしたが、今でもそのときの酷い傷が残っています。

それでも治れば納得もできましたが、退院して1週間もしないうちに、また左脇腹に痛みが起こったのです。

ちょうどその頃です。ある親しい知人から「これ飲んでみたら」と勧められた薬がありました。それは「コランエース」という薬でした。後でわかったのですが。それは葛根湯製剤でした。それを勧められるままに服用したら3週間目あたりから、なんと強かった痛みが少し和らぎ、2カ月ほどすると完全に痛みがとれました。それ以降、全く痛みは出ていません。

この2つがきっかけになって、「現代医学とは何だ」「最先端医学とは何だ」、そして「現代医学で治らない病気を治した漢方薬、東洋医学とは何だ」と、医学や漢方薬に大きな疑問をもつことになりました。その疑問が大きな関心になり、無謀にも工学の世界から医学、特に中医学の世界に入ることになりました。

――それはまた無謀ですね。2つのきっかけがまさにその後の人生を変えたわけですか。とにかくまた大学に再チャレンジされるわけですね。後に登録販売者にもなられます。

大城　とにかく東洋医学の勉強をしたい、大きな疑問を解決したいという思いが強かったです。

当時、日本の大学で東洋医学を勉強したい場合、鍼灸しかありませんでした。私は東洋医学だから漢方薬についても勉強できるだろうと思い受験し、幸いにも合格することができました。入学すると、西洋医学については国立の医学部で教鞭を執っておられたそうそうたる教授陣がそろっていて、とても勉強になりました。ただ鍼灸と漢方薬は別ということで、漢方薬についてはまったく勉強できないまま、鍼灸の大学を卒業することになります。

その後、漢方薬への思いがどうしても断ち切れなかったために、中国の上海中医薬大学に留学することになりました。そこで、私の理想としていた東洋医学の世界を本格的に学ぶことができたのです。

上海中医薬大学の附属病院では中西医結合という政策のもとに、中医薬の大学でも主に急性病の患者さんには西洋医学で治療し、慢性病には漢方薬、鍼灸でした。もちろん入院もあります。

そういう臨床現場でさまざまな難病患者とその治療を目の当たりにし、本場の東洋医学の奥深さと、その治療の素晴らしさを学びました。それを日本にもぜひ伝えたいという強い思いに至ったということです。

そうしているうちに登録販売者制度ができたことを知り、確か2回目か3回目に行われた試験を受けて合格しました。

漢方薬と登録販売者はとても相性がいい

――その当時は受験するために実務経験が必要だったと思いますが、薬局あるいは店舗販売業に勤務されていたのですか。

大城　上海中医薬大学で知り合った日本人に薬剤師がいて、後に友人になるのですが、その彼が大阪市北区に薬局兼漢方ショップを開設しました。私もそこに取締役として参加し、実務を担当しました。その経験をもって登録販売者試験を受けたということです。

――現在は上海中医薬大学日本校の理事長として、中医薬の普及に努められているということですね。

大城　上海中医薬大学日本校は、私の仲間たちで設立した株式会社漢方医科学研究所が、日本の漢方医薬教育の不備を補い正すために1991年、上海中医薬大学の在日本の教育・研究拠点として設立したのが始まりです。その後、1996年に上海中医薬大学附属日本校を開設し、医師・薬剤師を中心に、日本の医療従事者の皆様に本格的な漢方医薬の教育を提供しています。

――対象は、医師・薬剤師が中心ということですか。

大城　医薬品を直接的に扱えるのは医師、薬剤師ですから、そこを一つの対象にしていますが、一般の人にも薬膳などの講座をつくって、東洋医学の素晴らしさを学んでもらっています。

ただ残念なのは、薬剤師の多くは一般の調剤薬局で、医師の処方箋に基づいて漢方薬を調剤して患者さんにお渡しするだけというのがほとんどだということです。

そこにはお客様や患者さんと一緒に悩みながら、より適正な漢方薬を提供するという店頭漢方のあるべき姿とは違うように思います。健康相談を行いながら漢方薬、つまりOTC漢方薬を販売する方向がもっとあってもいいと思っています。

――そうすると登録販売者というのはちょうどよい資格になりますね。

大城　中国の中医薬大学で学び、中医師になっても、日本では医薬品は扱えません。そういうときに登録販売者制度ができましたので、迷わず登録販売者の試験を受けました。医療に関わる資格はたくさんありますが、自身で医薬品を扱えるのは歯科医師や獣医師を除けば、医師、薬剤師と登録販売者だけです。独立・開業もできます。そして漢方薬をきちんと勉強すればするほど、お客様の悩みに応えられて感謝もしてもらえます。これほどやりがいのあるいい資格はないと思います。もっともっと活用されるべきだと思います。

正しい漢方薬の普及は保険調剤では難しい

――ヘルスケア、健康相談は東洋医学の考え方を基にしたほうがやりやすいと思います。登録販売者がヘルスケアに取り組むためにも東洋医学、なかでも漢方薬を学ぶ必要性についてお願いします。

大城　かつては薬系漢方とか、店頭漢方といわれ、薬剤師や店舗に資格が与えられていた薬種商が、東洋医学、漢方薬を勉強し、ＯＴＣ漢方薬を販売していました。それが平成の時代に入ってからは医薬分業が急速に進み、ほとんどの薬局・薬剤師は保険調剤が中心になりました。私は薬剤師ではありませんが、保険調剤中心になったのはとても残念なことだと思っています。

漢方薬を処方する医師も、東洋医学を学んでいなければ、本来は漢方薬の処方は書けないはずです。しかし現実は全く違います。もちろんしっかりと中医薬を勉強されている医師や薬剤師もいますが、制限のある保険医療のなかではなかなかそういう知識が活用できないのが現状です。

そういうなかで、正しい漢方薬の使い方を勉強して、ＯＴＣ漢方薬を扱いながらヘルスケアに取り組むのは、登録販売者が最も適していると思います。

ＯＴＣ漢方薬は、一般用漢方製剤製造販売承認基準に２９４処方も認められています。そのうち保険医療適用のあるものが１４８処方です。ＯＴＣ漢方薬のほうが圧倒的に多いのです。漢方薬は明らかにＯＴＣ漢方薬のほうが武器としても多いのです。

登録販売者はそれをすべて活用できます。

実際はＯＴＣ漢方薬の大手のメーカーさんでも50～60処方ほどしか製品化されていませんが、それだけの漢方処方をマスターするだけでも大変です。また漢方でいう養生や薬膳を学べば、日常生活上の健康アドバイザーなることもできます。

――健康相談でお客様の役に立ち、信頼されるというのはとてもやりがいのある資格だと思います。

大城　健康食品の市場規模は、トクホと機能性表示食品だけで1兆円を超えていますが、販売チャネルの規制はありません。結果、通販が一番多いのが現状です。しかし、ＯＴＣ漢方薬は販売が薬剤師、登録販売者に限定されています。しかも明確な効能・効果を表示できて、「正しく使えば効く」という医薬品が、登録販売者の手中にあるということです。街の健康拠点として漢方薬や自然由来の漢方的なサプリメントなどをラインアップして、いろいろなアプローチが可能です。

超高齢社会のなかで、今後、その潜在的な需要はますます高まってくると思います。

登録販売者としてドラッグストアなどに勤務するのももちろんいいのですが、さらに資格を生かして独立・開業する道も選択できます。

登録販売者は独立して開業もできる素晴らしい資格

――登録販売者の資格を最も生かすのが独立・開業ということですが、今のようなチェーン企業が寡占化するなかで、大量仕入れ、大量販売に独立店が対抗できますか?

大城　もちろんできます。上海中医薬大学日本校でやっている教育はかなり難しい内容です。本格的に中医師を目指す中国の上海中医薬大学の教育の一部を日本で学習するわけですから当然です。しかし、もし登録販売者の方々が勤務にしろ、独立にしろ、本当に中医薬を勉強したいという方がいれば、すぐに登録販売者向けの中医薬講座を始めることはできます。

独立・開業についても全力で支援できますし、商品としての漢方薬の供給も全く問題ありません。ＯＴＣ漢方薬を熱心に製造されているメーカーさんは、漢方薬を中心にヘルスケアに取り組む独立店を支援されています。

――登録販売者の研修を行っていますと、漢方薬を勉強したいという声が多く上がっています。店頭漢方というのは、以前はいろいろ勉強会があったのかもしれませんが、今はあまりないのかもしれません。

大城　漢方薬を店頭で販売する場合、ただ陳列しているだけでは売れません。お客様のお悩みを聞く力がないと、売り上げも伸びないでしょう。それは日々研鑽ですが、まずは一つの漢方処方の使い方をよく勉強して、それをお客さんとの応対に活用してみることです。そうしているうちに次の処方、また次の処方が知りたくなり、勉強したくなるものです。本当の勉強というのは、そのように実務と並行しながらやるのが一番効率的で、身につくものです。医師が臨床を通して、勉強するテーマを選んでいるのと同じです。

そういう意味では登録販売者は、実際にお客さんが目の前にいます。処方箋ではなく、健康に関わる悩みのファーストアクセスが登録販売者だと思っています。そこで漢方薬、一般のＯＴＣ薬で対応できれば、登録販売者が販売できます。もちろん医師の受診が必要な場合は受診勧奨します。実務を通して漢方をよく勉強すると受診勧奨も的確にできるようになります。お客さん中心に考えられますから、判断に迷いなく医師の受診を、説得力をもって勧められるのです。

――ドラッグストアの店頭でお客様に漢方薬をどうやって結び付けたらいいでしょうか。

大城　私でしたらドラッグストアの売り場の一部に漢方コーナーを常設します。そこに大きめのモニターを設置して、漢方について一番伝わりやすいアニメーションビデオを放映し続けます。このビデオモニターはスマホのような小さなサイズではダメです。最低でも14インチ以上は必要でしょう。小さいものだと目に入りません。ビデオの内容も重要です。とにかく簡潔で、わかりやすく、漢方薬の魅力を引き出す内容であることが求められます。そうすると漢方に興味をもたれるお客さんのなかから、もう少し詳しく知りたいという方が必ず出てきます。そうやって漢方のファンを一人ずつ増やしていくことです。ある程度の必死さも必要でしょう。そういう努力や必死さがお客さんにも伝わるものです。

ヘルスケアは漢方の考え方がフィットする

――よく相談対応の重要性といわれますが、登録販売者ならではの相談対応はドラッグストアでも可能ですか。

大城　西洋薬といわれる一般用医薬品の場合は、その成分が持っている効能・効果がそのまま使えますので、相談対応の必要性を求めるのは難しいでしょう。

例えば西洋薬の場合、アセトアミノフェンについて知りたければネットで探せるわけです。その効能・効果は誰でも共通の知識ですから、一部の高齢者などを除いて、むしろスマホで検索したほうが便利だと思います。

漢方薬の場合、そうは行きません。まず体質を含めていろいろな情報のやり取りが必要です。例えば、同じ症状でも体質が熱証タイプか寒証タイプかで処方が違ってきます。そのうえで、次にこのお客様の症状の原因は気か、血か、あるいは津液(水)、いわゆる気血水の考えです。さらにどの臓器、つまり気が巡らなければ原因は肝か、心か等々、いろいろあるわけです。

そういったことを学んでもらえれば、登録販売者自身もお客様からいろいろお話をお聞きして、最も適した処方に近づけていくことができます。

このプロセスがとてもコミュニケーションをとるうえでも大切になります。実際は風邪で熱が出ているという場合は西洋薬でいいと思いますが、高齢者の慢性疾患の予防や改善などは漢方の考え方が圧倒的に適していると思います。そういうことが登録販売者でも漢方薬を使えばできるということです。

最近は1週間単位の小分け製剤が低価格で提供できます。それをうまく活用して試してもらうわけです。

それで合わないようであれば、また他の方剤を選んでいく、こういうプロセスが漢方薬販売では非常に大切になります。

――確かに医薬品を扱えるのは医師、薬剤師しかいませんでした。そういう意味では登録販売者制度が創設されて、そこに登録販売者が加わったというのは画期的なことだと思います。特に印象的だったのは、いい、悪いは別にして現代医療は保険医療が中心になった。保険医療は使い方に制限があり、漢方の勉強をすればするほど、それがストレスになってくる。その点、登録販売者は漢方の勉強をして医療用漢方処方よりも多くの漢方薬を武器にお客様の悩みに対応できる――、それは今後、超高齢社会で求められているヘルスケアへの対応に大きなヒントを与えるというところです。

もう一つ、薬局やドラッグストアはなぜどの店でも扱えるサプリに関心を持ち、OTC漢方薬に関心を持たないのか、漢方薬のほうが正しく使えばよほど効果・効能があり、お客様の悩みの解決につながるのに…、というところです。この「正しく使えば…」というところに研鑽の有意差が目に見えて出てくるというのは確かにそうだと思いました。

おわりに——医薬品登録販売者よ、結集しよう

本書をご覧いただき誠にありがとうございます。

これまで国は２０２５年を目途に地域包括ケアシステムを含めて、地域の新たな医療・介護の供給体制の実現に向けて様々な取り組みを行ってきました。全世代型社会保障制度の構築もその柱の一つであり、それに基づき２０２３年5月12日には、後期高齢者の保険料引き上げを含む改正健康保険法などが参議院本会議で可決、成立しました。これによって年齢別から支払い能力別に移行する緒をつけたといえるでしょう。今後、この方向はますます色濃く打ち出されると思われます。

そして今、検討されているのが２０４０年問題に対応した新たな社会保障制度の再構築です。高齢者数がピークを迎える２０４０年頃の社会保障制度を展望すると、社会保障の持続可能性を確保するための給付と負担の見直しは喫緊の課題であり、これ

に失敗するとわが国の社会保障制度改革の最後の将来ビジョンが描けない状況です。

実は、これと併せて最重要項目が控えています。それが「健康寿命の延伸」や「医療・介護サービスの生産性の向上」を含めた新たな社会保障制度改革です。

現状のまま推移すると、2040年には国民の5人に1人が医療・福祉に関わる従事者にならないとカバーできないといわれます。介護ロボット、移民政策などの諸政策をとっても100万人単位で不足すると国は推計しています。

ただ、問題はその中に登録販売者が含まれているとは思えないということです。

本書では、国が進めるセルフケア・セルフメディケーションの受け皿に登録販売者を加えてほしいという主張をしています。

国が作成するセルフケア・セルフメディケーション推進の受け皿は「薬局・薬剤師」です。その発端は、2013年に閣議決定した「日本再興戦略」に、「薬局を地域に密着した健康情報の拠点として、一般用医薬品等の適正な使用に関する助言や健康に関する相談、情報提供を行う等、セルフメディケーションの推進のために薬局・薬剤師の活用を促進する」が明記され、これに基づき「健康サポート薬局」が誕生しました。健康サポート薬局は、セルフメディケーションを推進するための制度でした。

これら国の施策を実現するためにも、ドラッグストア関係者、配置薬販売も含めた医薬品販売業者、そして登録販売者を育成している教育機関、研修実施機関などにも、全国の登録販売者の地位保全、職能向上、職域拡大を図るための制度改正に向けた動きにご協力いただきたいと思います。

医薬品登録販売者の皆さん、自らの地位を保全し、職能向上、職域拡大を図り、国民の健康維持・推進に貢献するために結集しましょう。

《編者紹介》

一般社団法人 日本医薬品登録販売者協会（JMC）

日本医薬品登録販売者協会（日登協）は2007（平成19）年9月1日、登録販売者の教育・研修機関として設立。その前年6月8日、はじめて登録販売者制度を盛り込んだ改正薬事法案（当時）が国会で成立、同月14日、法律第69号として公布。施行は公布日から3年以内と決定され、2009（平成21）年6月1日から施行される。日登協は登録販売者制度が施行される約2年前に、初代会長・鎌田伊佐緒氏のもとスタートを切る。2013（令和３）年６月に樋口俊一氏に会長職が引き継がれ現在に至る。
この間、2021（令和３）年３月23日、臨時社員総会で定款を大幅に改正、従来の教育・研修機関に加えて、全国の登録販売者の地位保全、職能向上、職域拡大を図るため政策提言を行う職能団体に生まれ変わる。ヘルスケアに関わる関連法が大きく改革される中、登録販売者の位置付けを明確にしてもらうための活動を行っている。そのために10万人会員を目指している。

会員数（2023年３月現在）53,000人

https://www.nittokyo.jp/
〒101-0062　東京都千代田区神田駿河台2-9　KDX御茶ノ水ビル2階
TEL：03-6811-7151　MAIL：info-n@nittokyo.jp

評言社 MIL 新書 Vol.014

医薬品登録販売者、結集せよ

2023 年 7 月 1 日　初版　第 1 刷　発行

編　者　日本医薬品登録販売者協会
発行者　安田 喜根
発行所　株式会社 評言社
東京都千代田区神田小川町 2-3-13 M&C ビル 3F
（〒 101-0052）
TEL 03-5280-2550（代表）　FAX 03-5280-2560
https://www.hyogensha.co.jp
企画制作　株式会社 エニイクリエイティブ
東京都新宿区四谷 1-3 望月ビル 3F（〒 160-0004）
TEL 03-3350-4657（代表）
http://www.anycr.com
印　刷　中央精版印刷 株式会社

ISBN978-4-8282-0738-4 C3234
定価はカバーに表示してあります。
落丁本・乱丁本の場合はお取り替えいたします。